Stella Bettermann

Ich trink Ouzo, was trinkst du so?

Meine griechische Familie und ich

BASTEI LÜBBE TASCHENBUCH
Band 61666

1. Auflage: Mai 2010

Bastei Lübbe Taschenbuch in der Bastei Lübbe GmbH & Co. KG

Originalausgabe

Copyright © 2010 by Bastei Lübbe GmbH & Co. KG, Köln
Lektorat: Anne Fröhlich
Umschlaggestaltung: Gisela Kullowatz
Abbildungen im Innenteil: © Gisela Kullowatz
Autorenfoto: © privat
Satz: Textverarbeitung Garbe, Köln
Gesetzt aus der Minion
Druck und Verarbeitung: CPI – Ebner & Spiegel, Ulm
Printed in Germany
ISBN 978-3-404-61666-4

Sie finden uns im Internet unter
www.luebbe.de
Bitte beachten Sie auch: www.lesejury.de

Der Preis dieses Bandes versteht sich einschließlich
der gesetzlichen Mehrwertsteuer.

Inhalt

Tsatsiki »Spezial«	7
In der Monemwassias Nummer dreizehn	25
Badeurlaub mit viel »kefi«	43
Yiayia in Monacho	59
Annoula und die Emanzipation	73
Orthodoxe Bekenntnisse	89
Mama in den Alpen	107
Exochi – Die Sommerfrische	121
Schnitzel mit Feta	138
Mein Bruder, der Grieche	157
Erinnerungen an Anis und Zimt	181
Glossar der Laute und Gesten	204

Tsatsiki »Spezial«

*E*ine Viertelstunde vor Ankunft in Piräus konnten wir sie riechen, sie kroch durch die Lüftungsschlitze von Papas Wagen und weckte Bilder, Erinnerungen und Vorfreude: die Monemwassias Nummer dreizehn. Nichts hielt uns mehr auf den Sitzen. Wir hüpften im Wagenfond herum, in dem wir die letzten drei Tage verbracht hatten, und pressten unsere Nasen an die Scheiben, die von der langen Reise schon ganz trübe waren. Das Griechenland meiner Kindheit duftete allerdings nicht nach Urlaubsidyll, nicht nach Pinienwäldern und Oreganobüschen auf sonnenbeschienenen Hügeln, sondern stank nach Autoabgasen, in die sich – und jetzt waren wir wirklich fast da – Chemiedünste aus der Düngemittelfabrik mischten, die unterhalb des Hauses meiner Großeltern in Piräus lag.

Doch das war uns Kindern egal. Wir wollten endlich unsere Großeltern wiedersehen. Nur noch ein paar Kurven durch ruhige Seitenstraßen, und dann saßen sie da: *Yiayia*, die rundliche kleine Großmutter, und *Pappous*, der strenge, hagere Opa. Sie hatten sich Stühle vor das Haus gestellt und sahen aus, als hätten sie das ganze Jahr über nur auf uns gewartet. Neben der prächtigen grünen Holztür mit den polierten Messingbeschlägen baumelte ein schäbiges rotweißes Plastikschild. Sogar mein Bruder, der kein Griechisch lesen konnte, wusste, was darauf stand: *poulite*, zu verkaufen. »Ich sehe das Haus, ich sehe es«, rief er im Auto schon von weitem. Und dann, mit düsterem Unterton: »Und das Schild hängt schon wieder dran.«

Ich nahm das lediglich mit einem Schulterzucken zur Kenntnis, denn ich wusste etwas, das mein Bruder nicht wusste: Das Schild hing nur für uns da. Nach unserer Abreise, am Ende der Sommerferien, würde es wieder verschwinden. Das hatte mir Frau Evga verraten. Frau Evga war die Besitzerin des kleinen Ladens an der Ecke. Sie verkaufte Eis der Marke *Evga*. So war sie zu ihrem Namen gekommen. Bei ihr im Geschäft trafen sich immer abends die alten Damen aus der Gegend zum Palavern. Einmal, als ich am späten Nachmittag in den Laden trat, um ein Schokoladeneis zu erstehen, hatte mich eine der Damen angesprochen: »Du bist doch die kleine Deutsche, Marias Tochter. Sag mal, *agapi mou*, Liebling, will dein Großvater wirklich euer Haus verkaufen?« Ich nickte betrübt. »Ach was«, sagte Evga tröstend und reichte mir mein Eis. »Mach dir keine Sorgen. Wenn ihr abreist, montiert dein Pappous das Schild ab. So macht er es jedes Jahr.« Sie zwinkerte mir zu, und ich verstand: Egal, wie sehr meine Mutter meine Großeltern wegen der zunehmenden Verschandelung der Gegend zum Verkauf drängte – sie würden ihr Haus, das für alles stand, worauf sie stolz waren, behalten. Düngemittelfabrik hin oder her.

Mein Vater parkte den Wagen direkt vor dem Haus, und wir fielen unseren Großeltern in die Arme. Zuerst der Yiayia mit ihren weichen Händen, die nach Basilikum dufteten – sie züchtete die stolzesten Stauden der Gegend. Und dann dem Pappous mit dem kleinen Schnauzbart – seinen stoppeligen Kuss ertrugen wir eher unwillig. Dann schlüpften wir schnell hinein, um uns zu vergewissern, dass alles noch war wie immer: der große, luftige Eingangsraum mit den hübschen, gemusterten Kacheln auf dem Boden, den verschnörkelten Holzmöbeln, den bestickten Deckchen auf allen Ablagen; der Salon mit den verspiegelten Vitrinen, in denen Porzellanfigürchen ausgestellt waren; der Wohn-Schlafraum, in dem es Diwane und einen kleinen Wandaltar gab, auf dem Pappous zur Predigt aus dem Radio Lichter und Weihrauch entzündete. Und natürlich die große *avli*, der Hof hinter dem Haus, der von Topfpflanzen gesäumt und von Weinranken überschattet war. Ganz hinten an der Rückwand wuchs ein stattlicher Feigenbaum, über den herrenlose Katzen ihren Weg zu uns fanden, wenn Pappous sie mittags mit Essensresten fütterte. »Die verfluchten Katzen!«, schimpfte Yiayia jedes Mal, denn die wilden Samtpfoten von Piräus pflegten die Gewohnheit, nach der Speisung die Beete, in denen Yiayia ihren berühmten Basilikum, ihre Rosen und Löwenmäulchen zog, einmal komplett umzugraben. »Sollen die armen Lebewesen hungern?!«, erbarmte sich Pappous und fütterte sie weiter. Und wer weiß, vielleicht war es ja gerade der griechische Katzendung, der Yiayias Basilikum so eindrucksvoll sprießen ließ.

In der *avli* begann mein Bruder seinen Urlaub mit dem stets gleichen Ritual: Er kramte ein wenig in Pappous' Werkzeugkasten und hämmerte dann auf ein paar alten Brettern herum, die im Hof lagen. Wenn das erledigt war, zog es ihn hinaus zu den Kindern auf die staubige Straße, nachsehen, ob sie ihn noch kannten. Meistens geriet er dann recht bald in eine Prügelei; mein Bruder trug nämlich das Haar als Kind halblang, den griechischen Jungs aber wurden damals im Sommer die Köpfe geschoren – wenn sie ihn aber als *koritzaki*, Mädchen, verspotteten, schlug er sofort zu. Er musste ja seine Jungs-Ehre retten.

Währenddessen begab ich mich auf Wiederentdeckungstour durchs Haus und kramte aus Yiayias Schränken gerüschte Unterkleider mit Spitze und altmodische Schuhe mit winzigen Stöckeln hervor; komplett verkleidet stolperte ich in den Hof und wirbelte mit dem Saum der Kleider den Staub auf. Dann hielt ich mit meinen Puppen bei Kaffee aus Erde und Blättern, den ich in Yiayias dünnwandigen Mokkatässchen anrührte, ein Kaffeekränzchen unterm Feigenbaum ab. Erstaunlicherweise schimpfte Yiayia, die fast blind war und angewiesen auf Ordnung, nie über das Chaos, das ich in ihren Schränken anrichtete. Stattdessen kam sie zu mir in den Hof, ließ sich ächzend auf einem der knarrenden Korbstühle nieder und erzählte mir das Märchen von *Stachtopoula*, dem griechischen Aschenbrödel, dem die Tauben ein Ballkleid von einem Baum werfen. Das muss unser Feigenbaum gewesen sein, dachte ich. Mit solchen Märchen hat Yiayia mich Griechisch gelehrt.

Einmal war die Yiayia sogar nach München gekommen, angeblich, weil Mama und Papa immer Pech mit den Kindermädchen gehabt hatten. Als sie hörte, dass es Probleme gab, die ihre Enkelkinder betrafen, hatte sie kurzerhand ihren Koffer gepackt, den Pappous zurückgelassen und war mit dem Zug quer durch Europa nach München gefahren. Am Ende blieb sie zwei Jahre. Sie baute uns Hängematten aus Decken und Wäscheleinen und Zelte aus Besenstielen und Laken. Bei unseren sonntäglichen Ausflügen aufs Land rupfte sie am Waldrand jungen Löwenzahn aus, hielt ihn sich ganz dicht vor das Auge, mit dem sie noch ein wenig sehen konnte, und sagte dann zufrieden: »Das gibt einen guten Salat!« Oder sie rieb an einem Grünzeug und hielt mir die Finger unter die Nase, damit ich den köstlichen Duft einatmen konnte. »Daraus macht man Tee«, sagte sie. So lernte ich, Minze von Unkraut zu unterscheiden. Sie war eine Oma wie aus dem Bilderbuch und eine große Abenteurerin. Jedenfalls war immer klar, von wem Mama den Mut, ins Ausland zu gehen, geerbt hatte. Wir Kinder liebten unsere Yiayia wie verrückt.

Zu Hause in München lebten wir in einer Neubausiedlung und bewohnten eine Etagenwohnung mit Spannteppich, Raufasertapeten und einem winzigen Balkon, der auf eine Grünanlage mit Spielplätzen hinausging. Von den Nachbarbalkonen riefen die Mütter ihre Kinder immer um zwölf Uhr zum Essen nach oben. Dann verschwanden alle und ließen mich und meinen kleinen Bruder allein zurück. Erst lange nach ein Uhr, wenn die Spielgefährten schon wieder hinausdurften, trat unsere griechische Mama auf den Balkon und rief quer über den Spielplatz: »Kiiiiender, Äääähsen!« Bei uns wurde nach südländischem Rhythmus spät gegessen. Und das nahmen wir Mama während unserer ganzen Kindheit übel.

Sie war eben ein wenig anders als die Mütter der anderen Kinder. Die Familie meines Vaters nannte meine Mutter hinter vorgehaltener Hand »die Schwarze«, und die Nachbarn sammelten Unterschriften, um die Ausländerin zum Auszug zu bewegen. So war das in Deutschland damals. Dabei war Mama gar nicht von Natur aus schwarzhaarig, sondern brünett. Sie färbte sich die Haare bloß dunkler, weil sie das effektvoller fand. Sie war nämlich nicht nur Ausländerin, sondern auch noch Künstlerin – sie hatte Operngesang studiert. Das machte die Sache allerdings nur schlimmer. Wenn Mama sich, zu Besuch bei der deutschen Verwandtschaft, weigerte, ihre Stöckelschuhe an der Eingangstür gegen bereitstehende Gästehausschuhe einzutauschen, weil die Puschen ihr schickes Outfit zerstört hätten, machte sie sich damit keine Freunde. Zumindest nicht beim weiblichen Teil der deutschen Verwandtschaft. Der männliche Teil jedoch warf meinem Vater verstohlen anerkennende Blicke zu, denn meine Mutter sah aus wie eine junge Sophia Loren.

Ansonsten beschäftigte es uns wenig, dass unsere Mama aus Griechenland kam, das Wort Schnee wie »Schnie« aussprach und meine Freundin Claudia »Clahoudia« nannte. Letzteres war uns höchstens ein kleines bisschen peinlich. Bis auf diesen Akzent war Mama ziemlich eingedeutscht. Zum Essen machte sie Schnitzel, Wiener Würstchen und Rindsrouladen. Nie sprach sie in ihrer Muttersprache mit uns, sie las keine griechischen

Zeitungen und hörte keine griechische Musik; im Winter bastelte sie deutsche Adventskränze, füllte Adventskalender und backte Plätzchen und Stollen. Nur wenn wir das Osterfest mit der griechischen Gemeinde in einem Lokal feierten und *Sirtaki* oder *Kalamatianos* getanzt wurde, verwandelte sie sich in das, was mein Bruder und ich unter uns »die griechische Mama« nannten. Erst tanzte sie immer ein wenig unsicher, dann mit zunehmendem Schwung. Schließlich wirbelte sie mit geröteten Wangen durch den Raum, sprach mit mädchenhaft hoher Stimme, lachte und flirtete. Verschwunden war ihre raue Altstimme, mit der sie ihr behäbiges Deutsch sprach. Sogar ihr Lachen klang, befreit vom Korsett der für sie sperrigen deutschen Sprache, heller und jünger.

Diese beeindruckenden Verwandlungen fanden allerdings nur selten statt. Darum vergaßen mein Bruder und ich auch die meiste Zeit, dass griechisches Blut in unseren Adern floss. Wir sahen außerdem gar nicht griechisch aus, wir hatten hellbraune Haare und auch sonst viel von unserem deutschen Papa mitbekommen. So kam es häufig vor, dass unsere Spielgefährten verblüfft reagierten, wenn eine schwarzhaarige Frau auf Stöckelschuhen mit Einkaufstüten vom Supermarkt an unserem Spielplatz vorbeikam und rief: »In einer Stunde gibt es Abenäääsen! Und ihr chabt den Außaufgaben noch nicht gemacht!« »Wer ist das denn?«, fragten uns die anderen Kinder entsetzt, die sich beim besten Willen nicht vorstellen konnten, was wir mit dieser Frau zu tun haben konnten. »Und warum spricht sie so komisch?« Wenn wir das Ganze aufgeklärt und zugegeben hatten, dass es sich bei jener Frau um unsere Mutter handelte, wandelte sich die Verblüffung der Kinder schnell in unverhohlene Neugier, und sie baten uns, ihnen griechische Schimpfwörter beizubringen. *Vlakas*, sagte ich, Idiot, und *skata*, Scheiße, mehr fiel mir nicht ein. Bei uns zu Hause wurde kein Griechisch gesprochen, und bei Pappous wurde nie geflucht.

Mein Bruder wusste immerhin *malakas*, Wichser. Das hatte er von den Jungs, die auf der Straße vor dem Haus der Großeltern immer Fußball spielten. Er hatte bloß keine Ahnung, was es bedeutete.

Dafür hatte Yiayia in München ein paar Brocken Deutsch gelernt, die sie bei unseren Besuchen in Piräus stets gut gelaunt zum Besten gab: »Ich möchte biete sswei Lita Milch«, oder: »Iss daas die Linie sechsundfunfsig?« Wir mussten immer sehr lachen. Hier in der Monemwassias, wo Tag und Nacht Mopedhupen von der nahen Hauptstraße her erklangen und der Melonenhändler seine Ware mit ohrenbetäubendem Lautsprecherlärm vom Lastwagen aus anpries, hier, wo unablässig der Ventilator surrte und trotzdem Schweiß auf unseren Oberlippen lag, wo aus den Kleiderschränken der Geruch von Mottenkugeln drang und die Küchenschränke nach Anis und Zimt dufteten, wo alle lebhafter sprachen, lauter lachten und uns Kinder feuchter küssten als zu Hause – in dieser griechischen Parallelwelt klangen Yiayias holprige deutsche Sätze wie absurde Insiderwitze.

Wie sehr sich Griechenland von unserem Zuhause unterschied, welch riesige Distanz zwischen diesen beiden Welten lag, wurde uns auch durch die dreitägige Autofahrt bewusst, die meine Eltern Sommer für Sommer auf sich nahmen, um von München nach Piräus zu gelangen – und zwar aus purer Abenteuerlust. Sie hätten natürlich auch einfach Flüge buchen können, Papa verdiente als Ingenieur nicht schlecht. Es machte ihnen aber mehr Spaß, im Wagen durch halb Europa zu gondeln.

Papa war in Ansbach aufgewachsen und hatte dort unter der kleinstädtischen Bürgerlichkeit gelitten. Mama war zwar ein Großstadtkind aus Athen, aber der strenge Pappous hatte ihr kaum Freiheiten gelassen – eigentlich war es ein Wunder, dass er ihr erlaubt hatte, im Ausland zu studieren. Kennen gelernt hatten sich die beiden in München während eines Studentenjobs bei der Lottogesellschaft, und als Mama bald darauf zu ihren Eltern reisen musste, hatte Papa versucht, sich bis zu ihr nach Athen durchzuschlagen – auf seiner hellblau lackierten Vespa, die alt und verrostet war. Er kam nur bis Kroatien, dann gab das Moped für immer seinen Geist auf, das war vorauszusehen gewesen. Aber immerhin habe er es versucht, meinte Papa. Für ihn und Mama waren die abenteuerlichen Autoreisen nach Athen und retour ein Symbol für die Freiheit, der Ausbruch aus dem Spießertum – auch noch, als ihre ganze Generation das Reisen bereits für sich entdeckt hatte. Die Freunde und Nachbarn schafften es damals aber von München aus meist nur an die Adriaküste, wo sie sich mit tausenden Landsleuten um die Liegen am Hotelstrand zankten. Eine Reise nach Griechenland dagegen – das klang ungefähr so exotisch wie ein Trip nach Nepal. Dass die Fahrt für uns Kinder eine ziemliche Quälerei war, blendeten unsere Eltern in ihrer Reiseeuphorie irgendwie aus.

Wir fuhren die Autoput oder die jugoslawische Küste entlang, passierten Großstädte und Kleinstädte, sozialistische Hochhaussiedlungen und zahllose pompöse Denkmäler, die stets etwas mit Großjugoslawien, Tito oder irgendeinem Krieg zu tun hatten. Wenn ich die Augen schließe und an die langen Fahrten zurückdenke, an das einlullende Geräusch des Motors, tauchen nicht Bilder von Städten und Landschaften vor mir auf, sondern das Wageninnere: Die roten Kunstlederbezüge mit dem Lochmuster, die sich klebrig anfühlten, Papas Arm, den er am geöffneten Wagenfenster aufstützte, so dass die blonden Härchen darauf sich im Fahrtwind bewegten. Papa fuhr gern Auto. Dabei hörte er Musik aus dem Autoradio und rauchte Kette. Trotz der Kinder hinten im Fond. Von den Risiken des Passivrauchens hatte damals noch nie jemand gehört. Mama hatte vorne stets eine große Tasche mit Süßigkeiten, die sie uns zusammen mit Erfrischungstüchern nach hinten reichte, wenn meinem Bruder und mir langweilig wurde. Also quasi die ganze Zeit über. Wir lümmelten uns im Fond, guckten aus dem Fenster, stopften uns mit Süßigkeiten voll, und als wir alt genug dazu waren, lasen wir in unseren Büchern. »Zum Glück wird es unseren Kindern im Auto nie schlecht«, sagte Mama immer mit unverhohlenem Stolz. Nicht einmal Serpentinen machten uns was aus, das hatten wir von der Yiayia geerbt, glaubte meine Mutter. Yiayia war nämlich absolut seefest. Während ihrer alljährlichen Schiffsreisen zum Kurort Methana, wo sie Schwefelbäder zu nehmen pflegte, überstand sie sogar ausgewachsene Stürme mit einem Lächeln. Ganz im Gegensatz zu Pappous, der in jedem Linienbus seekrank wurde.

Es ging an Dubrovnik vorbei, dann entlang der albanischen Grenze. Hier trugen die Frauen Pluderhosen, und verstrubbelte Kinder in kleinen Bergdörfern liefen den Autos hinterher und bettelten um Zigaretten und Süßigkeiten. Am dritten Reisetag war die Luft draußen heißer als im Wageninneren, und am Straßenrand wuchs nur noch trockenes Gestrüpp. Grün waren nur die Pinienwälder auf den Hügeln über den Straßen. Da waren wir dann schon in Griechenland, aber es sollte noch bis zum Abend dauern, bis wir schließlich mit schmerzenden Hinterteilen Piräus erreichen würden.

Eine Stunde nach unserer Ankunft war der Bürgersteig vor der Monemwassias dreizehn zugeparkt und das Haus rappelvoll. Die komplette griechische Verwandtschaft gab sich die Ehre, um die verlorene Tochter samt Anhang daheim zu begrüßen.

Onkel Giorgos, Mamas älterer Bruder, den irgendwie immer eine Aura von Wichtigkeit umgab, wirkte schon hinter der Windschutzscheibe seines Autos Ehrfurcht gebietend. Denn alles an Onkel Giorgos, vom Anzug bis zu den Schläfen, war grau und erhaben. »*Kalos ilthate*, willkommen!« tönte er uns entgegen, wenn er das Haus betrat, und seine tiefe, dröhnende Stimme erfüllte den ganzen Raum. Er war ein hohes Tier bei einem Erdölkonzern und pflegte die Attitüde eines Mannes, der sich Gehör zu verschaffen weiß. Er kam mir so unnahbar vor, dass ich immer wieder verblüfft war, wie zärtlich er die Hand der schönen Tante Meri hielt, seiner Frau. Die beiden führten eine »gute Ehe«, sagten die weiblichen Verwandten oft, was mich immer verblüffte: Waren die anderen Ehen etwa schlecht? Hoffentlich nicht die von Mama und Papa, die nicht permanent Händchen hielten und sich nie gegenseitig Jäckchen gegen die Zugluft umhängten. Uns war die griechische Panik vor Zugluft allerdings sowieso etwas suspekt, selbst Mama hatte sie sich in München abgewöhnt.

Tante Meri benahm sich, der Ehefrau eines Managers angemessen, wie eine Königin; sie verfügte über große Gebärden und eine stolze Haltung. Aber sie war eine Königin zum Anfassen und verrückt nach kleinen Mädchen. Sie selbst hatte nur einen Sohn, Stelios, und von allen Mädchen in der Verwandtschaft war ich ihr Liebling, weil ich zart und hübsch war als Kind. Ganz so wie sie, als sie klein war, sagte Tante Meri. »Wir sind Freundinnen!«, beschwor sie mich bei jeder Gelegenheit. »Du kannst mir jedes Geheimnis anvertrauen.« Zum Beweis unserer Freundschaft schenkte sie mir, als ich gerade mal zwölf Jahre alt war, Schminksachen. Einmal rauchte sie sogar eine der Zigaretten mit mir, die ich heimlich in meiner Jungmädchenhandtasche mit mir herumtrug. Da war ich vierzehn Jahre alt und Meri eigentlich Nichtraucherin.

Jetzt aber war ich noch klein, und Tante Meri drückte mich ein ums andere Mal an sich und schwärmte allen vor, wie süß ich sei und wie gern sie mich entführen würde. Ich blickte bewundernd zu ihr hoch, denn Meri war die mondänste aller Tanten: Ihr goldblond gefärbtes Haar trug sie im eleganten

Dutt, ihre Kleider waren meist aus Chiffon, mit extravaganten Aufdrucken und tiefen Dekolletés. Dazu benutzte sie einen Lippenstift, wie nur sie ihn tragen konnte: fuchsiafarben. Er war ihr Markenzeichen, das wir kurz nach ihrem Eintreffen auf den Wangen trugen.

Hinter Onkel Giorgos und Tante Meri trottete Cousin Stelios her, drei Jahre älter als ich, immer ein bisschen genervt und mit zu Schlitzen zusammengekniffenen Augen. Er hatte eine dünne Schweißschicht über der Oberlippe und zwickte mir beim Begrüßungskuss unauffällig in den Arm. Im Laufe des Abends würde er versuchen, mich in eine Ecke zu drängen und mich zu kitzeln oder mir eine Portion »Brennnesseln« zu verabreichen. Dazu packte er meinen Arm mit beiden Händen und drehte sie in verschiedene Richtungen, bis ich quietschte. Die Verwandtenbesuche waren furchtbar öde für ihn, er war ja das älteste der Kinder und konnte mit uns »Babys« nichts anfangen, darum neckte er uns zu seinem Zeitvertreib.

Dann war da Onkel Michalis, Mamas jüngerer Bruder. Das Besondere an ihm war sein Gang. Er hatte eine schlenkernde Lässigkeit, und jede seiner sparsamen Bewegungen schien zu sagen: Die Welt kann mich mal. Onkel Michalis war der Herrscher seines eigenen Kosmos. Zahnarzt von Beruf, unabhängig und eigenwillig, war er nicht der Typ, der sich, wie Onkel Giorgos, in einer großen Firma eingliedern würde – oder sonst irgendwo. Sein Lächeln – kein perfektes Zahnarztlächeln, sondern geprägt von einer verwegenen kleinen Lücke zwischen den Schneidezähnen und dem Schalk in seinen Augen – eroberte unsere Kinderherzen. Neben seinem Lächeln trug Michalis immer eine tropfenförmige Pilotensonnenbrille im Gesicht und ein Herrenhandtäschchen, für Autoschlüssel und Zigaretten, in der Hand. Onkel Michalis ist der einzige Mann, der mir je begegnet ist, an dem dieses Accessoire männlich wirkte.

Das Täschchen baumelte auch munter an seinem Handgelenk, wenn Michalis uns Kinder Jahr für Jahr auf die Akropolis oder in eines der vielen antiken Amphitheater bei Athen führte. Wenn er uns von Hochkultur, griechischer Baukunst und antiker Schönheit vorschwärmte, wich sein schelmisches Lächeln einem beseelten, ja glücklichen Gesichtsausdruck. Und wenn wir dann schließlich auf irgendeiner umgestürzten Marmorsäule Rast machten und der Onkel sich eine der Zigaretten aus seinem Täschchen anzündete, entrang sich ihm stets ein tiefer Seufzer: »Ach, ich hätte Archäologe werden sollen!«

Tante Matina, seine Frau, teilte seine Leidenschaft für alte Steine nicht, sie war die pragmatischere von beiden – vielleicht auch nur, weil sie so unter Stress stand. Sie kam meist im eigenen Wagen vorgefahren, direkt aus dem Krankenhaus, das sie leitete, oder aus ihrer Praxis. Sie war immer etwas außer Atem; auch sie war blond, wie überhaupt alle Frauen in Griechenland damals blond gefärbt oder wenigstens gesträhnt waren. Matina trug ein bequemes Jerseykleid und eine geräumige Handtasche, in der stets Desinfektionsmittel und Verbandszeug zu finden waren. Dazu Herzpillen und Rheumasalbe und überhaupt alles, was man im Krankheitsfall brauchte. Und niemals Lippenstift oder Parfum.

»Mariiiiiia«, sagte Onkel Michalis zu meiner Mama, wenn er sie erblickte, und umarmte seine Schwester mit großer Geste. »Wie du aussiehst! Das nenne ich Stil!« Und zu seiner Frau gewandt fügte er hinzu: »Davon solltest du dir was abschauen.« Mama war schon unter der Dusche und an ihrem Koffer gewesen, jetzt trug sie einen Sommertraum in Türkis mit passenden Lacksandalen, und Matina schloss sie mit leicht säuerlichem Gesichtsausdruck in die Arme. »Meinst du, die Leute, denen ich täglich sagen muss, dass sie Krebs haben, wollen, dass ich aussehe wie auf einem Ball?«, würde sie ihren Mann anzischen, wenn Mama den Raum verlassen hatte. Denn Matina war keine, die etwas auf sich sitzen ließ.

Ich war mittlerweile ein wenig unruhig und postierte mich an der Tür, um nach IHR Ausschau zu halten: Cousine Anna, meiner liebsten Freundin und Seelenverwandten. Endlich kam Tante Youlas Wagen in Sicht, ein kleiner Fiat, den Youla »Bubi« getauft hatte. Die beiden Kinder im Fond winkten uns aufgeregt zu. Es waren Anna und ihr jüngerer Bruder Alexis.

Youla war Tante Matinas jüngere Schwester. Weil sie unverheiratet und kinderlos war und zudem als technische Zeichnerin beruflich nicht so eingespannt wie ihre Schwester, kümmerte sie sich ständig um ihre Nichte und ihren Neffen.

Mit langen Begrüßungsritualen hielten wir uns nicht auf, Anna und ich. Sie kletterte aus dem engen Wagen, packte mich am Arm und sagte nur ein Wort: »*Ela, k*omm!« Es gab viel zu besprechen, wir hatten einander lange vermisst, und so zogen wir ab in Richtung Innenhof.

Im Haus wurde derweil das Essen vorbereitet. Vom Hof aus konnten wir durch die geöffneten Küchenfenster sehen, wie Yiayia Fleischbällchen in zischende Pfannen warf, und Tante Meri – mit Yiayias Schürze überm Chiffon – Zucchinischeiben in Mehl wälzte. Derweil blätterte Pappous interessiert in einer Ausgabe des *Stern* aus Mamas Koffer und echauffierte sich über die Oben-ohne-Fotos – schließlich waren Kinder im Haus. In Griechenland wurden damals bei solchen Bildern wenigstens noch Sternchen auf die Brustwarzen gedruckt. Was ich irgendwie viel schmutziger fand. Mama lachte Pappous aus – es waren die frühen Siebzigerjahre, und in Sachen sexueller Revolution war meine Mutter durchaus deutsch – und breitete den Inhalt des Geschenkekoffers auf dem Küchendiwan aus: Spielzeug, kleine Elektrogeräte, Kleider und Nippes kamen zum Vorschein, und Mama erläuterte, was für wen war und wie es funktionierte. Dabei blickte Meri ihr ab und an über die Schulter und sagte: »Hübsch! Seh un Aaah?« Manchmal nickte Mama, manchmal schüttelte sie den Kopf und sagte: »Nein, Kaoufoff!«, und Meri war beeindruckt. Denn alles, was aus großen Kaufhäusern stammte, galt in Griechenland damals als ungeheuer modern.

Und dann geschah das, wovor ich schon die ganze Zeit Angst gehabt hatte: Es ging zu Tisch. Ein Servierteller nach dem anderen bedeckte die lange Tafel im luftigen Eingangsraum: Auberginenpaste, gebratene Zucchini, frittierte Fischchen, dicke Bohnen, grüne Bohnen, Fleischbällchen (die berühmten griechischen *Keftedes*), Salat mit Oliven und riesigen Stücken Fetakäse – bis der ganze Tisch mit Speisen so voll war, dass ich betete, er möge einstürzen. Ich saß eingekeilt zwischen der rundlichen Tante Matina und dem pummeligen Stelios und blickte angeekelt auf die Speisen – mir hatte schon der Fettgeruch aus der Küche den Appetit verdorben. Dann kam die Yiayia und teilte *Avgo-Lemono* aus, eine Zitronen-Ei-Suppe. »Die erweckt Tote zum Leben«, sagte sie. »Balsam nach der langen Fahrt!«

Onkel Giorgos mir gegenüber hatte seinen Suppenteller in Sekundenschnelle geleert und mit Brot ausgewischt. Nun lud er sich Berge von Vorspeisen auf den Teller. Auch Stelios kaute schon an den *Keftedes*, die er sich im Dutzend einverleibte. Von einer kleinen Schale vor mir drang derweil ein penetranter Knoblauchgeruch an meine Nase: In ihr befand sich das berüchtigte *Tsatsiki*, das Yiayia extra für uns zubereitete. Sie selbst vertrug keinen Knoblauch. Auch die übrige griechische Verwandtschaft vermied, wie die meisten Großstadtgriechen, werktags den Genuss von Knoblauch und Zwiebeln – aus reiner Rücksicht. Für uns Deutsche jedoch, die wir im Urlaub waren, und für die nur das Allergriechischste griechisch genug war, gab es Yiayias »Tsatsiki spezial« – »spessiall« ausgesprochen und mit extra viel Knofel.

Der Geruch ekelte mich dermaßen an, dass ich noch nicht einmal mit der Suppe fertig war, als die Hauptgerichte heranschwebten: Huhn und Lammkoteletts mit Pommes oder Spagetti oder beidem zugleich. Am liebsten wäre ich unterm Tisch verschwunden.

Zum Glück war noch niemandem aufgefallen, dass ich immer noch an meiner Suppe löffelte, denn Pappous, der am Kopfende des Tisches thronte, war inzwischen bei seinem Lieblingsthema angekommen: die Kriege gegen die Türken und die kleinasiatische Katastrophe. Seine Stimme schwoll an, der knorrige Zeigefinger tanzte uns vor den Augen herum, und er versprühte Speicheltröpfchen über unseren eingezogenen Köpfen, wenn er ansetzte: »Hört mir gut zu, Kinder, da könnt ihr was lernen, also, hört ...« Wir hatten ein bisschen Angst vor ihm. Die Eltern und Onkel und Tanten glücklicherweise nicht. »Ja, ja, Baba, die alten Geschichten, die wollen die Kinder jetzt sicher nicht hören«, sagte Mama. »Und übrigens, hat sich mal jemand wegen des Hauskaufs gemeldet?« Da wurde der Pappous auf einen Schlag still und mahlte unter den glattrasierten Wangen mit den Kiefern.

Die Geschichte kenne ich dennoch. Es ist die Geschichte einer Flucht. Pappous und Yiayia gehörten zu den 1,2 Millionen Griechen in Kleinasien, die 1922 aus der heutigen Türkei vertrieben wurden. Der Vorfall ging als »die kleinasiatische Katastrophe« in die Geschichtsbücher ein.

Yiayia war die Enkelin eines griechischen Großgrundbesitzers in Soma, einem Dorf in den Hügeln oberhalb Smyrnas (dem heutigen Izmir), einem Paradies in üppigem Grün, wo Heilquellen sprudelten und die Hamams speisten, und wo alle Frauen Freundinnen waren, so erzählte Yiayia es immer. Von den Töchtern der Landarbeiter, die sich bei ihrem Großvater verdingten, lernte Yiayia Türkisch, und ihre verwitwete Mutter lernte beim Mokka in den türkischen Harems das Zigarettenrauchen, das sie dann später, im armen, karstigen Griechenland, nie lassen konnte, obwohl es sich dort für Frauen nicht ziemte.

Yiayia war vierzehn Jahre alt gewesen, als sie das Gut und alle dort verlassen mussten, um nie wieder von ihnen zu hören. Ihre Mutter hüllte sie in schwarze Tücher, damit man sie für eine alte Frau hielt, und sie nicht von den Türken verschleppt wurde. Sie trugen nur Bündel mit sich, das Allernötigste, und als sie das Flüchtlingsschiff erreichten, hatte Yiayia sich eine Augenentzündung zugezogen, die unter den herrschenden Umständen unbehandelt blieb und sie auf dem linken Auge die Sehkraft kostete. Auf der rechten Seite büßte sie ihr Augenlicht Jahre später bei einer verpfuschten Staroperation ein.

In Athen fand die junge Yiayia bald eine Anstellung als Notarsgehilfin, denn trotz der wenigen Jahre Schulbildung verfügte sie über ein geschliffenes Griechisch in Wort und Schrift, und so brachte sie ihre Mutter und den jüngeren Bruder durch. In jener Zeit, als mittellose Frauen sich als Wäscherinnen plagen mussten, war das durchaus etwas Besonderes.

Auch Pappous, der in Smyrna als junger Mann einen kleinen Laden für Herrenbekleidung besaß, hatte alles zurückgelassen, als er das Flüchtlingsschiff nach Griechenland bestieg. Dort hausten bald über eine Million Kleinasienflüchtlinge und schlugen sich mehr schlecht als recht durch, denn die ansässigen Griechen hatten schon genug mit dem eigenen Überlebenskampf zu tun. Also besorgte sich der wackere Pappous einen Bauchladen und verschacherte am Hafen von Piräus so lange Haushaltsbürsten, bis genug Geld für ein neues Herrenbekleidungsgeschäft zusammengekommen war. Als er die damals neunzehnjährige Yiayia kennen lernte, konnte er es sich leisten, sie zu heiraten, obwohl Yiayia über keine Mitgift verfügte. Diesen Umstand verkündete er immer mit großem

Stolz: Er, Kyrios Stelios (ausgesprochen mit einem Ausrufungszeichen nach dem Namen), habe keine Aussteuer nötig gehabt, um eine Frau zu ehelichen.

Pappous brachte es mit dem Geschäft bald zu Wohlstand und baute das stolze Haus in der Monemwassias Nummer dreizehn. Unweit davon entstanden in jener Zeit allerdings auch Notunterkünfte, in denen sich ärmere Kleinasienflüchtlinge ansiedelten, und so bekam das Viertel seinen Namen: Drapezona – Flüchtlingszone. Und dann kamen auch noch die Chemiefabriken, durch die nicht nur die Natur in Mitleidenschaft gezogen wurde.

In der Nachbarschaft genossen unsere Großeltern stets großes Ansehen. Das war auch der Grund, warum sie ihr Haus, das mittlerweile ziemlich renovierungsbedürftig war, nie gegen eine komfortable moderne Wohnung in einer der besseren Gegenden der Stadt eintauschen wollten.

Nachdem Pappous eine Weile mit dem Kiefer gemahlt und sich wieder beruhigt hatte, glitt sein Blick versonnen über die Tafel. Bis er irgendwann an mir hängen blieb. Und dann kam es, das, worauf ich die ganze Zeit gewartet hatte: »Die hier hat NICHTS gegessen«, tönte er vorwurfsvoll und wies mit dem Finger auf mich. Mittlerweile wurden schon die Platten mit Obst – Wassermelonen, Trauben, Pfirsiche und Feigen aus dem Garten – gebracht. Ich beugte den Kopf über den Teller mit dem kalten Rest Suppe, als könnte ich ihn darin verbergen. »Iss! Iss!«, rief Pappous, und es klang wie ein militärischer Befehl. »Iss doch, *koritzaki mou*, iss, mein Mädchen!«, stimmte Yiayias weiche Stimme ein. »Nimm doch vom Hühnchen. Oder soll ich dir ein *Pilafi*, ein Reisgericht, kochen, das magst du doch …« »Sie ist ja nur Haut und Knochen«, dröhnte dazu Onkel Giorgos' Bass, und alle hoben ihre Blicke und starrten mich an. Da spießte ich ein kleines Stückchen Huhn, das auf einer Platte übrig geblieben war, auf die Gabel, steckte es in den Mund, würgte und blickte Hilfe suchend in die Runde der erwartungsvollen und vorwurfsvollen Gesichter, bis endlich, endlich Tante Meri den Teller wegzog. »Lasst doch das Kind, lasst sie, ich kenne das, ich war auch so. Wenn sie jetzt bald ans Meer kommt, wird ihr Appetit schon wachsen. Komm, *Stelitza*, geh spielen, aber nimm dir ein paar Träubchen mit.«

»*Aman*, o weh!«, sagte Anna, die schon hinter meinem Stuhl wartete, und zog mich mit sich fort – ich war erlöst.

Pappous strafte Meri mit einem zürnenden Blick und mahlte wieder mit dem Kiefer. Ich wusste, dass er sich freute, dass wir da waren, auch wenn es nicht unbedingt so aussah. Ich wusste aber auch, dass er mindestens genauso froh sein würde, wenn wir in einigen Wochen wieder abreisen würden. Doch bevor es so weit wäre, wartete ein großartiger Sommer auf uns.

In der Monemwassias Nummer dreizehn

Morgens erwachte ich von dem Geräusch schlurfender Schritte aus der Küche; da wusste ich: Es ist kein Traum, ich bin wirklich da!

Das Geräusch machten Yiayias Füße, die in alten Pantoffeln steckten. Yiayia werkelte in der Küche, wo bereits das Frühstück wartete: Tee und Gebäck. So üppig die Griechen nämlich zu Mittag oder zu Abend speisten, so frugal war ihr Frühstück: Wahrscheinlich waren sie noch satt vom Abendessen.

Das Gebäck wurde in die Tasse getunkt, bis es aufweichte und Krümel auf der Teeoberfläche schwammen – das war so wenig nach meinem Geschmack wie alles andere, was in Griechenland gegessen wurde. Vor einer Sache allerdings graute mir noch tausendmal mehr als vor dem Essen in Yiayias Haus – jetzt, wo wir zwei vertraut zusammensaßen, wagte ich, das Thema anzusprechen: »Yiayia, gibt es dieses Jahr *katzarides*?«

Eigentlich war es eine überflüssige Frage: Natürlich gab es *katzarides* – also Kakerlaken. Riesige, braune Ungetüme waren es hier im Süden, die in den Ritzen alter Häuser hausten und kaum zu vertreiben waren.

»Nein, nein!«, beruhigte mich Yiayia aber jedes Mal mit fester Stimme. »Dein Pappous hat sie alle erledigt. Er hat so lange Flint gesprüht – das hat sicher keine überlebt. Und wenn, dann nur eine ganz kleine. Aber wenn du willst, sprüht er noch mal alle Räume aus.« Flint war ein Pestizid, das in einer sonderbaren Sprühvorrichtung geliefert wurde – einer Art Luftpumpe, an der eine kleine Trommel befestigt war. Wenn Pappous Flint sprühte, lagen alle Insekten auf dem Rücken und streckten die Beine von sich.

Nach ein, zwei Tagen allerdings tauchten neue *katzarides* auf, und sie kamen mir jedes Mal größer und bedrohlicher vor als die bereits erlegten Tierchen – manche waren so lang wie der Daumen eines Erwachsenen.

Besonders hartnäckig hielten sich die Biester im Badezimmer. Da ließen sie sich sogar tagsüber blicken und huschten von Ecke zu Ecke, was mich oder meinen Bruder auf dem Klo zu hysterischem Geschrei brachte; dann musste Pappous kommen und Flint sprühen, damit wir uns wieder von der Schüssel heruntergewagten.

Die *katzarides* huschten nämlich von draußen ins Bad, das nicht im Haus, sondern am anderen Ende des Hofes untergebracht war. Und das war das größte Problem mit den Biestern: Musste ich nämlich nachts einmal aufs Klo, dann galt es nicht nur, sich allein in dem Kakerlakenpalast Badezimmer aufzuhalten – ich musste ja auch den ganzen Weg dorthin zurücklegen, immer in der Panik, im Dunkeln auf eins der unappetitlichen Insekten zu treten. Allein der Gedanke daran ließ mich schaudern.

Ich öffnete also die Küchentüre nach draußen, dann rannte ich, so schnell ich konnte, durch die unheimlichen Schatten, den langen Hof bis zur Badezimmertüre, die ich zitternd öffnete. Mit fliegenden Fingern knipste ich das Licht an und inspizierte nervös die Ecken. Da waren sie: zwei fette und eine kleine in der Ecke bei der Dusche. Aber es half ja nichts, ich musste nun mal, das galt es zu erledigen, ohne die *katzarides* aus den Augen zu lassen. Ich konnte ja schlecht nachts nach dem Pappous schreien – da hätte ich ja die ganze Nachbarschaft geweckt.

Also hieß es schnell sein, bevor die Biester in meine Richtung huschen konnten. Vor lauter Nervosität schmiss ich meist das Toilettenpapier einfach in die Schüssel und nicht in das dafür vorgesehene Körbchen daneben, obwohl das eigentlich in Griechenland strengstens verboten ist – auch heute noch: Die Abwasserrohre sind hier nämlich so eng, dass Klopapier alles verstopfen würde. Wenige Tage nach unserer Ankunft lief dann meist die Toilette über, und der arme Pappous musste das Klo wieder in Gang bringen.

Einmal passierte es dann: Ich riss die Küchentür auf und rannte wie immer los, als würde ich von hunderten *katzarides* gejagt – und dann trat ich mittenrein, auf eine riesige Monsterkakerlake, und zerquetschte sie mit meinem bloßen Fuß, dass die fleischigen Innereien zwischen meinen Zehen hervorquollen. Ich stieß einen spitzen Schrei aus und glaubte, ich müsse auf der Stelle ohnmächtig umfallen.

Es dauerte eine Weile, bis ich in der Dunkelheit entdeckte, dass es gar keine Kakerlake gewesen war, sondern nur eine reife Feige, die vom Baum auf den Weg geplumpst war. Die Angst, einmal auf ein echtes Ungeziefer zu treten, war damit aber natürlich nicht besiegt.

Mein kleiner Bruder umging das Problem, indem er im Haus der Yiayia plötzlich wieder ins Bett machte; Yiayia kommentierte die nassen Laken immer augenzwinkernd mit den Worten: »Der arme Junge hat heute Nacht wieder so geschwitzt« und bezog das Bett frisch.

»Aber du musst wirklich keine Angst vor den *katzarides* haben, das weißt du doch«, sagte Yiayia nun am Frühstückstisch. »Die sind zwar hässlich, aber sie tun gar nichts. Sie sind noch harmloser als kleine Mücken, und vor denen hast du doch auch keine Angst – dabei stechen sie.« Und wie sie stachen, unsere Beine und Arme waren in Yiayias Haus immer von Stichen übersät.

Ich fürchtete allerdings, eine *katzarida* könne es eines Tages über die Bettpfosten zwischen meine Laken schaffen – dieser Gedanke erschreckte mich noch viel mehr als das Risiko, draußen auf eine Kakerlake zu treten. Und so ließ ich Yiayia schwören, sie habe noch nie, nie, nie eine *katzarida* erlebt, die klettern konnte.

Mittlerweile war auch der Pappous wach und fegte den Weg im Garten, wortlos, wie immer nach dem Aufstehen: Pappous fand nämlich, das Gesicht, mit dem man morgens aus dem Bett steigt, sei keinem Mitmenschen zuzumuten, und deshalb trat er immer erst später mit seiner Umwelt in Kontakt, wenn er sich bereits gewaschen hatte. Dann erst kam er in die Küche und grüßte mit einem lauten und fröhlichen *kalimera*! Schließlich holte er ein Schüsselchen warmes Wasser, Seife und Rasierpinsel und begann, sich vor einem kleinen Spiegel in der Küche zu rasieren.

Blitzschnell schabte das Messer die Seifensahne weg, nur senkrecht unter der Nase ließ er ein Bärtchen stehen, einen Menjoubart, wie er in Pappous' Jugend in Smyrna en vogue gewesen war. Er hatte das Bärtchen auch damals nicht abgenommen, als Hitler im fernen Deutschland den gleichen Schnauzbart trug, und erst recht nicht in den Jahrzehnten später, als diese Art Bart ganz unmodern war. Er hatte sich nun einmal dafür entschieden, und von modischen Launen hielt mein Pappous wenig.

Das hatte man irgendwann wohl auch dem Sortiment in seinem Herrenbekleidungsladen angemerkt, weshalb er ihn in den Sechzigerjahren schließen musste, um sich bei der Konkurrenz, die mehr mit der Zeit gegangen war, als Verkäufer zu verdingen – bis er über achtzig war, denn in eine Rentenkasse hatte der stolze Pappous nie eine Drachme eingezahlt. Und darum musste er nach der Rasur und einigen eilig getunkten Gebäckkringeln auch schnell zur Arbeit.

Während allmählich auch meine Eltern und mein Bruder am Frühstückstisch erschienen, begab ich mich auf Wiederentdeckungstour durch das Haus: Besonders liebte ich den so genannten Salon, einen Raum, der im Sommer nie genutzt wurde.

Die Fensterläden des Salons waren gegen das grelle Sonnenlicht verschlossen, von draußen drang – an jedem Wochentag, an den ich mich erinnere – der Lärm von Presslufthämmern herein. Hier drinnen aber, im Halbdunkel, schien die Zeit stehen geblieben zu sein: Die Sofas waren mit beigefarbenen Überzügen im Gobelinstil versehen, die barocke Jagdszenen zeigten. In den Ecken gab es winzige runde Holztischchen, auf denen geklöppelte Deckchen lagen. Auf einem Tischchen in der Mitte des Arrangements stand eine Porzellanfigur, eine barocke Dame mit Perücke und himmelblauer Krinoline, an die sich Jagdhunde schmiegten, und die ich immer einige Zeit ausgiebig bewunderte – so hinreißend schön erschienen mir ihr Gesicht mit den rosigen Wangen und der Faltenwurf des in Porzellan erstarrten Kleides.

Über den Gobelinsofas hingen sepiafarbene Fotografien, die von alter Zeit zeugten: Yiayias stumpf geschnittener Bob war damals noch dunkel gewesen und Pappous' Kopf voller schwarzer Locken; sie war im Kostüm oder im kleingeblümten Seidenkleid abgelichtet, immer hochelegant, denn Yiayia ließ sich früher jede Saison von der besten Modistin in Piräus einkleiden. Pappous stand stolz in Anzug und Weste da, Michalis und Giorgos posierten im Matrosenanzug, und Mama trug Korkenzieherlocken, sechsunddreißig Stück, achtzehn auf jeder Scheitelseite. Dann gab es noch Bilder von Mama als junger Frau am Klavier und von Onkel Michalis während seines Militärdienstes in Uniform, mit geschorenem Haar und weichen, fülligen Wangen.

Wenn ich eine Zeitlang im Zwielicht des Salons vor mich hin geträumt hatte, widmete ich mich der Halle: Eigentlich war sie nur eine Art Gang, ein großes Durchgangszimmer mit gemustertem Kachelboden von der Eingangstür bis zur

Hoftür. Hier war es schön luftig, deswegen wurde das Familienleben im Sommer in der Halle zelebriert – es gab einen großen Esstisch, außerdem Leinensessel und Abstelltischchen. Das Interessanteste war für mich aber die Anrichte: Hier verwahrte die Yiayia – neben dem guten Porzellan – die *Koufeta*. Das sind Mandeln mit hartem weißem Zuckerguss, verpackt in Tüll und geschmückt mit Seidenblumen. Sie werden bei Hochzeiten oder Taufen an die Gäste verschenkt, und alle, die Yiayia über das Jahr für mich gesammelt hatte, warteten darauf, von mir ausgepackt zu werden.

Während mein Bruder dann wieder in der *avli* mit Pappous' Werkzeug beschäftigt war, durfte ich Yiayia bei den gefüllten Paprika helfen: Vorsichtig schichtete ich sie in ein hochrandiges Blech, Yiayia goss noch eine ordentliche Portion grünes Olivenöl darüber, und dann ging es zum Bäcker. In den meisten Haushalten gab es damals keine Öfen, und so ließen die Hausfrauen ihre Gerichte gegen ein kleines Entgelt in den Bäckereien der Nachbarschaft backen.

Yiayia trug das Blech, ich stemmte unsere schwere Eingangstür für sie auf. Die Tür schlug zu, und wir standen einen Moment benommen in der glühenden Hitze, die wie ein kleiner Schock nach der relativen Kühle des Hauses wirkte. Und dann ging es voran, allerdings nur in winzigen Schrittchen – Yiayia hatte es in den Beinen.

Wir liefen mitten auf der Straße, wie alle: Der Bürgersteig war kaum einen Meter breit, deshalb wurde er von den Passanten ignoriert; Autos und Mopeds mussten um Yiayia und mich und die anderen Fußgänger herumfahren. Nur manchmal, wenn einer gar nicht vom Gaspedal heruntergehen wollte, wichen wir zur Seite. Zum Glück war der Verkehr in den Nebenstraßen dieser Gegend ohnehin nicht so stark, nur die Mopedfahrer stellten durchaus ein Risiko dar. Deswegen wurden sie von den Fußgängern auch regelmäßig beschimpft:

»Habt ihr den Verrückten gesehen!«, riefen sie. »Will er uns umbringen?!« Meist waren es die Alten, die so zeterten, weil sie nicht so fix fortspringen konnten. Und meist waren die rasenden Mopedfahrer jung und scherten sich nicht drum, sondern hupten nur wütend. Ich klammerte mich immer an Yiayia und hoffte, dadurch geschützt zu sein, denn Yiayia konnte die Mopeds zwar nicht sehen, aber immerhin hören, um rechtzeitig auszuweichen.

Beim Bäcker standen die Hausfrauen bereits Schlange, viele trugen sogar noch ihre Schürzen über dem Kleid. »*Kyria Efstratia*, was haben Sie heute gekocht?«, empfingen uns die anderen, die meine Oma stets siezten – alte Leute wurden mit besonderem Respekt behandelt, und die Yiayia sowieso. Da lüpfte Yiayia immer die Geschirrtücher, mit denen sie ihr Gericht gegen den Straßenstaub geschützt hatte, und begutachtete ihrerseits die Gerichte der Nachbarinnen.

Dann trippelten wir weiter, zum Bauernmarkt, der zweimal wöchentlich auf dem Platz vor der Kirche abgehalten wurde. Den besuchte Yiayia regelmäßig, weil die Preise dort besonders niedrig waren. Nach all den Jahrzehnten im Viertel fand sie den Weg dorthin, und das ist wörtlich gemeint, auch blind: »Man muss sich zu helfen wissen«, erklärte Yiayia, die sich immer irgendwie zu helfen wusste. »Ich zähle einfach die Kreuzungen, bevor ich rechts abbiegen muss, und dann zähle ich weiter bis zum Platz.« Denn ob rechts von ihr Häuserzeilen das Licht verdeckten, oder sich eine Straßenkreuzung auftat – dies konnte Yiayia noch unterscheiden. Mit mir als ihrer Helferin aber kam sie besonders gut voran, und so konnte ich sie direkt zu dem Stand mit den Tomaten führen. Dort fand eine kleine Vorführung statt, die sich an jedem weiteren Stand wiederholte:

»Ist die Ware überhaupt frisch?«, fragte Yiayia erst einmal, was der Händler mit gespielter Kränkung erwiderte: »Meine

Dame! Das ist nicht Ihr Ernst! Heute früh hingen diese Tomaten noch am Strauch, riechen Sie nur daran. Und fühlen Sie, wie hart sie sind. Nicht eine weiche ist dabei. Wie Blumen sind unsere Tomaten!«

»Hart, ja, aber wohl etwas zu hart. Die sind ja noch gar nicht richtig ausgereift!«, antwortete Yiayia. »Was will ich mit grünen Tomaten?!«

»Voll ausgereift, meine Dame. Wenn Sie wollen, schneide ich eine auf. Und nur dreißig Drachmen das Kilo, ein Sonderpreis, denn ich sehe: Sie wissen eine gute Tomate zu schätzen!«

»Dreißig Drachmen für ein Kilo Tomaten? Nein, komm, *Stelitza*, führ mich weiter, da hinten gibt es sicher noch mehr Tomaten …«

»Nein, nein, meine Dame, für Sie heute achtundzwanzig Drachmen, für unsere besten Tomaten, jede wie gemalt.«

»Für fünfundzwanzig nehme ich sie, pack mir drei Kilo ein, aber von denen ganz vorne«, und Yiayia zeigte auf die besonders prächtigen Exemplare, die immer zur Kundenseite hin gestapelt waren.

»Aber unsere Tomaten sind alle hervorragend, nicht nur die ganz vorne. Alles Spitzenqualität!«

»Trotzdem, ich möchte die von ganz vorne. Und noch vier Gurken, aber nicht diese mickrigen wie beim letzten Mal. Hast du keine ordentlichen Gurken?«

So ging es dann weiter, über den ganzen Markt, bis wir schließlich schwer beladen zu Hause eintrafen, wo Yiayia beim Auspacken der Tomaten nicht selten fluchte: »Hat er mir doch eine faule untergejubelt, der Betrüger!«

Das Blech mit den gefüllten Paprika brachte der Pappous mit nach Hause, wenn er zum Mittagessen erschien. Da waren sie nur noch lauwarm, hatten also genau die Temperatur, bei der sich – wie beim *Moussaka* und dem *Pastitio* und all den anderen griechischen Ofengerichten – der perfekte Geschmack entfaltet (das wussten nur die ausländischen Touristen nicht, die sich unablässig über die nur lauwarme griechische Kost beschwerten – und dies auch heute noch tun).

Mama und Papa verbrachten die Vormittage oft beim Bummeln in Athen, zum Mittagessen – das war nie vor vierzehn Uhr – fanden sich dann aber alle wieder ein, und schließlich legte sich die ganze Familie zum Mittagsschlaf ins Bett. Auch der Pappous, denn die Geschäfte waren damals erst am späten Nachmittag wieder geöffnet.

Nur ich konnte nie einschlafen, und ich hatte auch gar keine Lust dazu; darum schlich ich mich, sobald es im Haus ruhig war, in die *avli*, zu den Katzen.

Nach dem Mittagessen war der Hof voll von ihnen. Sie hatten sich die Bäuche mit den Essensresten vollgeschlagen, die Pappous ihnen in alten Blechschüsseln servierte, und hielten ebenfalls Siesta. Einige waren scheu und suchten das Weite, wenn ich mich näherte, außerdem gab es noch die Kämpfertypen, große Kater mit eingerissenen Ohren und vernarbten Nasen, die mich von ihren Schlafplätzen auf der Mauer aus taxierten – jederzeit bereit, mir ihre Krallen entgegenzustrecken.

Aber oft kamen auch ganz zutrauliche, manchmal sogar junge Kätzchen, die sich streicheln und hochnehmen ließen. Die schleppte ich dann in die Halle, wo sie an den bestickten Vorhängen vor der Hoftüre hochkletterten. Yiayia durfte das nicht sehen, sie fand, Katzen seien Krankheitsüberträger und gehörten keinesfalls ins Haus. Aber Yiayia schlief ja jetzt.

Ab dem Nachmittag kam Besuch, Großtanten, Nachbarinnen, entfernte Onkel, Cousinen und Cousins zweiten Grades, alte Schulfreundinnen von Mama – alle machten mindestens einmal ihren Antrittsbesuch, um uns zu sehen. Ich servierte ihnen mit Yiayia Limonade und *Gliko* – eingemachte Sauerkirschen, die wie besonders süße Marmelade schmeckten und in kleinen Glasschälchen gereicht wurden. Und ich hörte mir Komplimente an, die klangen so: »Was bist du für ein hübsches Mädchen geworden, *ftuftuftu**.« Oder: »Mein Gott, bist du groß geworden, *ftuftuftu*.« Das »Ftuftuftu« war ein Spuckgeräusch – Komplimenten wird nämlich stets ein kleines Ritual hinterhergeschickt: eine angedeutete Bespuckung – die soll den bösen Blick ablenken. Älteren Besucherinnen entwichen dabei meist Spucketröpfchen, und ich lernte unauffällig zurückzuweichen, wenn eine alte Tante mich lobte.

Abends erschien dann meist der harte Kern der Verwandtschaft, Onkel Michalis und Tante Matina, Onkel Giorgos und Tante Meri – ganz wie am Ankunftsabend. Während die Frauen Yiayia mit dem Essen halfen, saßen die Herren rauchend in der Halle und diskutierten. Papa konnte nur wenige Brocken Griechisch, dafür aber Englisch. Die Onkel dagegen sprachen weder Deutsch noch Englisch, dafür Französisch. Irgendwie schafften sie es dennoch, sich zu verständigen: »Autos in Hellas nix gutt«, begann etwa Onkel Michalis. »*Poli tax!*« – was soviel wie »hohe Steuern« bedeuten sollte (damals wurde beim Kauf eines Wagens vom Staat eine Luxussteuer einbehalten, die sich am Kaufpreis des Wagens orientierte – deswegen konnten die meisten sich nur Gebrauchtfahrzeuge leisten).

»*Poso kani tax*, was kostet Steuer?«, stammelte Papa dann, und schließlich klapperten sie mit Händen und Füßen rudernd alle aktuellen Themen ab, und nur selten wurde nach mir gerufen, damit ich übersetzte.

Pappous, der nach Ladenschluss dazustieß, beteiligte sich meist nicht an dem Palaver (außer, es ging um die Türkenkriege). Er versuchte stattdessen, Feigen an den Mann zu bringen: Sein Feigenbaum im Hof trug besonders süße, große und vor allem viele Früchte, trotzdem – oder gerade deshalb – mochte kei-

---

* Sämtliche Laute werden im Glossar erklärt.

ner sie mehr essen. Die Feigen hingen der ganzen Familie zum Hals heraus. Wenn Pappous mit seinem Feigentablett auftauchte, liefen wir Kinder davon, und seine Söhne stöhnten: »Vater, lass uns doch bitte mit deinen Feigen in Ruhe!« Nur Tante Meri wusste die Früchte zu schätzen, schon beim Betreten des Hauses rief sie: »Baba, haben Sie nicht ein paar köstliche Feigen für mich?« Sie siezte die Schwiegereltern nämlich, dies war bei besonders feinen Athenern so üblich.

Pappous lächelte dann (das tat er selten) und bot an, die Früchte für sie zu schälen und ihr eine große Tüte davon einzupacken, und es war kaum zu übersehen, dass er die elegante und wohlerzogene Schwiegertochter besonders mochte.

War einmal kein Besuch angemeldet, führte Pappous meinen Bruder und mich aus: Zuallererst ging es zum Spielplatz, der *paidiki chara* – das heißt: Kinderfreude. Besonders viel Freude hatten wir dort allerdings nicht: Die griechischen Erwachsenen taten immer alles, um einem jeden Spaß zu verderben. Kletterte man auf ein Gerüst, so hieß es gleich: »Nicht so hoch!« Schubste man das Karussell an, musste man sich zügeln, damit einem nicht schlecht würde. Als besonders verboten galt es aber zu rennen. Rennen war etwas, was Kindern in Griechenland nirgends gestattet war. Überall in Piräus und Athen hörte man die Mütter oder Großmütter ihren Lieblingssatz: *Min trechis*, renn nicht!, ausrufen, und wer sich widersetzte, der bekam schnell ein paar Ohrfeigen.

An den griechischen Spielplätzen war das Rennen tatsächlich riskant, denn statt mit Sand waren diese mit grobem Kies bedeckt, der sich bei einem Sturz schmerzhaft in die Knie bohrte – wahrscheinlich, um den griechischen Kindern das Rennen auszutreiben, dachte ich.

Was mir zusätzlich den Spaß verdarb, war, dass wir auch auf dem Spielplatz essen mussten. Griechische Kinder nämlich wurden nur mit *psomi ke tiri* in der Hand zum Spielen geschickt, deswegen gab die Yiayia auch uns eine dicke Scheibe Weißbrot und ein ordentliches Stück *kefalotiri* – harten Schnittkäse – mit (ich verbuddelte die Reste, die ich nicht mehr schaffte, unauffällig im Kies).

Ein wenig waren wir immer die Sensation auf dem Spielplatz – die erste Frage, die mir von den anderen Kindern gestellt wurde, war: »Wo kommst du her?« Dabei sprach ich akzentfrei Griechisch, die Verwandten hatten mir das immer bestätigt.

Wahrscheinlich war es einfach so, dass ich nie so sauber und ordentlich aussah wie die griechischen Mädchen, die mehrfach am Tag gewaschen und umgezogen wurden und deren Zöpfe auch am Abend noch aussahen wie frisch geflochten. Unsere Eltern dagegen waren der modern-deutschen Auffassung, Kinder dürften sich ruhig schmutzig machen und ausgelassen toben, deshalb waren meine Kleider um diese Tageszeit zerdrückt und zerknittert, und meine Zöpfe lösten sich in wirre Locken auf.

Einmal fragte mich eines der adretten Mädchen auf der *paidiki chara*, ob ich denn ein Waisenkind sei, was ich empört verneinte. »Aber hast du denn gar keine Mutter, die dich frisiert?!«, fragte das Mädchen. Da schämte ich mich ein wenig dafür, dass meine Mama nicht mehr so richtig griechisch war.

Wurde es dunkel, ging es ins Freiluftkino, davon gab es in jedem Wohnviertel mindestens eines. Die Freiluftkinos bestanden aus einer großen weißen Mauer, vor der – auf dem gleichen spitzen Kies wie auf den Spielplätzen – Plastikstühle aufgereiht standen, von denen mindestens die ersten zehn Reihen von Kindern besetzt waren. Die knabberten den ganzen Film über *pasatebos* oder *sporia* – Kürbiskerne oder Sonnenblumenkerne – und warfen die Schalen in den Kies, der mehr davon aufwies, als Steinchen enthalten waren.

Die hinteren Reihen waren von Großmüttern und Großvätern besetzt, die ihre Enkel mit Knabbernachschub von einem

Stand versorgten, der sich am hinteren Ende des Kinos neben dem Projektor befand.

Rückblickend kommt es mir vor, als hätte in jedem Film, den wir damals sahen, Aliki Vougiouklaki mitgespielt – sie war damals wohl die beliebteste Schauspielerin des Landes. Aliki war sozusagen die brave griechische Schwester von Brigitte Bardot. Sie hatte tiefschwarze Augen und hellblondes, auftoupiertes Haar und ihr Liebesleben wurde von unablässigen Missverständnissen verwirrt, die sich immer erst im letzten Moment zu einem Happy End aufklärten und in einer Traumhochzeit mündeten. Die Kinder vorne verstanden von den Verwicklungen wohl meist nicht alles, verfolgten das Spiel aber gebannt; von den Großeltern auf den hinteren Rängen war immer wieder lautes Schniefen zu hören. Nur Pappous blieb zur Rührung kaum Zeit, denn er musste meinen Bruder zur Toilette führen – mindestens alle zehn Minuten lief er zum Opa, der dann stöhnte: »Schon wieder?!«

Irgendwann stellte sich heraus, dass mein kleiner Bruder bei Filmen im Fernsehen immer dachte, es lebten Zwerge in der Flimmerkiste. Im Freiluftkino, so schlussfolgerte er, müssten es also Riesen sein, die hinter der Projektionsfläche hausten. Und die wollte er unbedingt einmal aus der Nähe sehen. Da traf es sich gut, dass das Klo in einem Kabuff an der rückwärtigen Seite der Projektionsmauer untergebracht war. Doch da war nie jemand, so oft er mit dem Pappous auch hinter die Mauer marschierte. Nach einigen Kinobesuchen war mein Bruder schließlich fast ein wenig verzweifelt: »Immer gehe ich mit Pappous aufs Klo, aber nie sind die vom Film da. Wo sind die denn nur?« Und so klärte sich die Sache auf.

Das Strandbad Paraskevas mit seinen rot-weiß gestreiften Sonnenschirmen, Umkleidekabinen und Liegestühlen war eröffnet worden, als der Stadtteil Castella noch zum Stadtrand von Piräus gehörte und im nahen Hafen noch nicht derart viele Schiffe verkehrten. Zur Zeit unserer Kindheit allerdings wurde es bereits von einer Betonlandschaft umrahmt, und das Wasser war so schmutzig, dass die akute Gefahr bestand, sich beim Schwimmen einen Hautausschlag zu holen – sagte zumindest Papa und wollte lieber gar nicht baden als dort. »Ach was, alle baden da«, erwiderte Mama dann immer. »Davon ist noch keiner krank geworden!« Dann packte sie die Badetasche und bestieg mit uns Kindern den Trolleybus, der praktischerweise direkt von der Drapezona vor die Tür von Paraskevas in Castella fuhr.

Mama liebte Paraskevas, und dass »alle« dort baden gingen, war mit ein Grund dafür – im Gegensatz zu Papa, der einsame Strände vorzog, fühlte sie sich im Trubel wohl.

Bei Paraskevas gab es immer unzählige griechische Kinder und Mütter, außerdem sehr viele alte Damen, einige Machos in engen Badehosen, zwei bis drei Geistesgestörte und null Touristen.

Bei den Müttern mit Kindern handelte es sich um Familien, die es in diesem Jahr noch nicht in den Urlaub an einen richtigen Strand geschafft hatten – oder die sich einen solchen Urlaub nicht leisten konnten. Die alten Damen arbeiteten die üblichen vierzig Meeresbäder ab, die griechische Ärzte ihnen pro Sommer zur Gesundheitspflege verordneten. Dazu dümpelten sie unter ihren Strohhüten im Wasser herum und taten so, als könnten sie tatsächlich schwimmen. Die Machos versuchten die jungen Mütter durch einen sportlichen Schwimmstil zu beeindrucken und brachten das Meer zum Schäumen (mein Bruder und ich lachten über sie, denn sie kraulten mit dem Kopf über Wasser). Und die armen Geistesgestörten rannten den Strand auf und ab und gaben gutturale Laute von sich, weil sie nicht recht wussten, wo sie sonst hin sollten – das Gesundheitssystem im Griechenland jener Jahre bot kaum annehmbare Betreuungsplätze für geistig Behinderte, und so verbrachten manche den Tag eben am Strand, wo es frischer und angenehmer war als im Stadtzentrum. Die Touristen fehlten, weil nur Griechen sich an einem Ort wie Paraskevas erholen können.

»Ahhh, herrlich«, seufzte Mama immer, wenn sie sich auf ihrer Liege in der prallen Sonne ausstreckte (anders als ihre Landsleute, die sich stets im Schatten der Schirme aufhielten, schätzte Mama Sonnenbäder – wieder ein Punkt, an dem sie eingedeutscht war). Dann schlief sie umgehend ein, trotz der Geräuschkulisse.

Den größten Lärm verursachten dabei nicht die kreischenden Kinder im Wasser, sondern ihre Mütter am Strand, die ihre Schützlinge mit gellenden Stimmen aus dem Wasser befahlen, sobald diese sich länger als zehn Minuten darin aufhielten – sie fürchteten, sie könnten sich verkühlen: »*Adoniiiiii! Exo, yiati tha se diro*, Adonis, raus, sonst verhaue ich dich!« Oder: »*Eleniiiii! Exo, tha fas xil*, Eleni, raus, du kriegst Prügel!«

Adonis, Eleni und die anderen ignorierten ihre Mütter allerdings geflissentlich – und steckten die Ohrfeigen schließlich relativ klaglos ein. Sie waren das wohl schon gewohnt.

Die nächsten Ohrfeigen kassierten sie, weil sie die nassen Badesachen nicht gleich wechseln wollten. Dann klatschte es, wenn einer den mitgebrachten Imbiss – *psomi ke tiri* – verweigerte, das Eis verkleckerte oder zu langsam aus der Sonne ging.

»Jannis neben uns hat schon vier Ohrfeigen bekommen«, sagte mein Bruder.

»Das Mädchen mit dem roten Badeanzug dort vorne aber schon fünf«, prahlte ich. »Und wenn sie nicht gleich aus der Sonne geht, kriegt sie die sechste.«

»Pah«, machte mein Bruder, »mein Jannis hat gerade links und rechts eine bekommen, weil er mit Sand geschmissen hat. Ätsch, das zählt doppelt.«

»Na und, die Rote spielt immer noch in der Sonne. Jetzt dauert es nicht mehr lange ... da, Nummer sechs! Jetzt haben wir Gleichstand!«

Und dann sprangen wir ins Wasser und planschten eine Ewigkeit, denn das Wasser war zwar trüb, aber so warm wie bei uns zu Hause in Deutschland nur in der Badewanne.

Onkel Michalis und Tante Matina, die Ärzte, die beide Anhänger einer modernen Pädagogik waren, schlugen ihre Kinder allerdings nie – sie schimpften noch nicht einmal mit ihnen, wenn sie etwas anstellten, denn Tante Matina behauptete, Autorität hemme die Persönlichkeitsentwicklung eines Kindes. Folglich entwickelten Alexis und Anna eine Menge Persönlichkeit – sie waren schlicht nicht zu bändigen. Einmal biss der kleine Alexis meinen Bruder in den Kopf, einfach so, und freute sich an seinem lauten Weinen. Tante Matina verlor darüber kein einziges Wort. Auch Mama kommentierte den Biss nicht, doch schleuderte sie giftige Blicke gegen ihre Schwägerin.

Ansonsten verstanden sich meine Eltern mit Michalis und Matina aber prächtig, und deshalb unternahmen wir besonders oft gemeinsam etwas, was auch mich freute, weil ich dann mit Anna zusammenkam. Anna lag altersmäßig genau zwischen meinem Bruder und mir, an sich hätten wir also auch zu dritt spielen können. Doch herrschte zwischen den beiden tiefe Feindschaft – sie waren wohl beide zu temperamentvoll, um sich miteinander zu vertragen.

Begründet wurde die Feindschaft in einem Fischlokal in Piräus, das wir eines Abends mit unseren Eltern besuchten. Die Erwachsenen hatten Venusmuscheln bestellt, und schließlich lagen die hübschen, ausgegessenen Schalen in den Tellern vor uns, da sagte Anna: »Die nehme ich alle mit nach Hause!«

»Nein«, erwiderte mein Bruder im Ton einer Kampfansage: »Ich will die Muscheln!« Prompt gingen sie wie Furien aufeinander los und prügelten sich ineinander verkeilt auf dem Restaurantboden.

Onkel Michalis gelang es schließlich, die Streithähne voneinander zu trennen. Dann erbat er sich vom Kellner zwei Tütchen, in die er die Muscheln gerecht aufteilte. Mein Bruder ließ sein Tütchen gleich im Restaurant liegen. Anna aber vergaß ihres auf der Hutablage von Onkel Michalis' Wagen, der ab dem folgenden Morgen von der Sonne beschienen wurde und noch viele Wochen nach Muscheln stank.

Wenn Anna von Matina oder Matinas Schwester Youla in Yiayias Haus gebracht wurde, damit wir spielen konnten, ignorierten sie und mein Bruder einander fortan – oder er suchte das Weite und begleitete meinen Vater zu unserem Grundstück.

Das Grundstück lag außerhalb von Athen in der Nähe eines Strandes, der den Ansprüchen meines Vaters eher genügte, denn hier war das Meer sauber. Nach dem Bad begaben Papa und mein Bruder sich auf den kleinen Acker am Berg, den meine Mutter irgendwann erworben hatte, und gossen die Olivenbäume. Einmal kam mein Bruder ganz aufgeregt zurück: »Ich muss dir etwas zeigen.«

In einer alten Zigarrenkiste hatte er ein paar *chrisomiges*, golden glänzende Käfer, gesammelt, die er als Haustiere halten und sogar mit nach Deutschland nehmen wollte. Die Käfer waren putzig anzusehen, und ich fand, es sei Tierquälerei, sie in die enge Zigarrenkiste zu sperren. Doch mein Bruder sagte, sie sollten nur nachts darin schlafen. Tagsüber dürften sie raus.

An diesem Abend hämmerte er besonders lang in seiner Handwerkerecke in der *avli* herum, denn er baute einen Parcours für die *chrisomiges*.

Ich erwachte mitten in der Nacht von einem brummenden Geräusch direkt an meinem Ohr. Ich richtete mich abrupt auf und schlug den Verursacher hektisch fort: eine *katzarida!* Mein schlimmster Alptraum war wahr geworden!

Ich sah sie noch quer über mein Kissen krabbeln, dann verschwand sie unter dem Bett, auf dem ich wie versteinert im Sitzen verharrte – voller Panik, die Kakerlake könnte auf die Idee kommen, erneut in mein Bett zu klettern. Erst, als es hell war, wagte ich es, mich wieder hinzulegen und weiterzuschlafen.

Am Morgen stellte sich heraus, dass es den Käfern meines Bruders nachts gelungen war, aus der Zigarrenkiste auszubrechen. Und so wurde klar, dass das Krabbeltier in meinem Bett wohl gar keine abstoßende *katzarida*, sondern nur ein niedlicher Käfer gewesen war. Umsonst war ich die halbe Nacht wach gelegen und hatte mich geekelt.

Da schnappte ich mir meinen Bruder und verabreichte ihm eine ausgiebige Portion Brennnesseln – so, wie ich es von Cousin Stelios gelernt hatte. »Für die *chrisomiges*«, sagte ich. »Und komm bloß nicht auf die Idee, jemals wieder welche mitzubringen!«

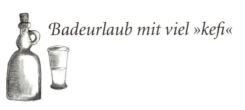

Badeurlaub mit viel »kefi«

Seit den Vierzigerjahren verbrachten die Großeltern ihre Sommerferien in Methana, einem Kurort mit Strandanbindung auf dem Peloponnes. Yiayia besuchte dort früher die Kuranlage und absolvierte Schwefelbäder. Irgendwann vertrug sie die Schwefelbäder nicht mehr. Dennoch fuhr sie mit Pappous weiterhin jedes Jahr nach Methana. Wir kamen mit.

Methana wurde von Tragflächenbooten, den »Flying Dolphins«, angefahren. Sie legten die Strecke bequem in guten zwei Stunden zurück. Außerdem gab es schwerfällige, rostige alte Autofähren, die doppelt so lange brauchten. Wir nahmen die Fähre – Papa wollte unbedingt den Wagen dabeihaben, um darin sein Motorschlauchboot zu transportieren, das den Winter über bei Pappous in einer Kammer im Hof verstaut gewesen war.

Während Papa sich mit unserem Opel in die Schlange der Kleinlaster, Mopeds und Familienkutschen und ihrer Fahrer einreihte, die sich gegenseitig beschimpften und ohrenbetäubend hupten, warteten wir am Kai in der grellen Morgensonne nervös auf den Pappous. Er machte sich immer kurz vor Abfahrt aus dem Staub – angeblich, um *Koulouria*, Sesamkringel, für uns Kinder zu besorgen. In Wirklichkeit wollte er wohl so wenig Zeit wie möglich in der Nähe des Schiffes verbringen. Schon der Anblick der sich an den Tauen sanft wiegenden Fähre verursachte ihm Seekrankheit.

Endlich, kurz vor dem Ablegen, tauchte Pappous wieder auf, und wir hetzten an Bord. Dabei mussten Mama und Pappous unsere Taschen und Koffer auf die Fähre transportieren, die wegen des Schlauchbootes nicht mehr in unser Auto passten. Gleichzeitig galt es, die blinde Yiayia über den schmalen, glatten Metallweg neben dem Fahrzeugbereich zu einem Sitzplatz zu leiten. Für uns hatten sie keine Hand frei. Deswegen gingen mein Bruder und ich an Bord sofort stiften. »Passt auf!«, rief Mama uns hinterher. »Lehnt euch nicht über die Reling!«, rief Pappous. »*Min trechete*, rennt nicht!« rief Yiayia.

Wir Kinder postierten uns an der rechten Seite des Schiffes (von hier aus würde bald »unser« Haus in der Monemwassias Nummer dreizehn zu sehen sein) und starrten gebannt aufs Wasser. In Hafennähe war es bräunlich, dann wurde es plötzlich giftgrün, violett, orange, petrolfarben, knallgelb, dann wieder grün – wir passierten die Chemiewerke in der Drapezona, die ihre Abwässer damals ins Meer leiteten, so dass das Wasser aussah wie ein gigantisches Meeresfeuerwerk. Auf der Höhe unseres Hauses war es karminrot, wie der Staub, der sich in unserer *avli* auf der zum Trocknen aufgehängten Wäsche niederließ, wenn man sie an der Leine vergaß.

Als das Meer blau wurde und die Felsen, die wir umfuhren, unbebaut waren und idyllisch aussahen, begannen wir uns zu langweilen und machten uns auf die Suche nach der Familie.

Pappous stand ganz oben im Wind und übergab sich in eine mitgebrachte Tüte. Mama und Papa saßen mit geschlossenen Augen auf den Plastikstühlen auf dem unteren Deck der Fähre und sonnten sich. Yiayia hockte, umringt von einem Berg Gepäckstücke, im Inneren der Fähre und nuckelte *portokalada*, Orangenlimo, aus einer Flasche mit Strohhalm.

»Riecht ihr das Meer?«, sagte Yiayia. »Und die *pefka*, Pinien?« Wir rochen nur die Abgase aus dem Schiffsschornstein, doch irgendwo, am nahen Ufer, mussten Pinienwälder sein, Yiayias feiner Geruchssinn trog sie nie – auch wenn wir hinter der mit weißen Salzkristallen besetzten Bullaugenscheibe nur karge Felsformationen erkennen konnten. Stickig war es hier unten und fast so laut wie vorhin in der Autoschlange – alle Tische waren besetzt, an der kleinen Cafeteria hatten sich Schlangen von palavernden Reisenden gebildet. Yiayia war trotzdem bester Dinge; sie war voll in ihrem Element.

Reisen waren Yiayias große Leidenschaft, Seereisen aber mochte sie besonders. Selbst, als sie schon blind war, unternahm sie mitunter alleine Schiffsreisen zu Erholungsorten: Weil sie alleine sonst nicht zurechtkam, zupfte sie dabei immer wieder Mitreisende am Ärmel, die dann ihr Gepäck tragen und die Yiayia zu einem sicheren Sitzplatz bringen mussten. (»Man muss sich zu helfen wissen.«) Seekrank wurde sie nie. Einmal, so will es die Familiensaga, ist sie sogar in einen bösen Sturm geraten, bei dem das Schiff – eines jener Seelenverkäufer, wie wir sie regelmäßig frequentierten – beinahe gesunken wäre. Der Seegang war so heftig, dass sogar Matrosen kotzend über der Reling hingen. Nur Yiayia sei es nicht übel geworden – sie versorgte Mitreisende und die Crew mit Taschentüchern, auf die sie ihr Limonen-Eau-de-Cologne träufelte, und erteilte gute Ratschläge: nur trockene Speisen – also Kekse und Brot – zu sich nehmen und so wenig wie möglich trinken. Deswegen bekamen wir an Bord auch grundsätzlich keine Limonade, sondern nur die Yiayia, der auf See nie schlecht wurde.

Schließlich erreichte die Fähre Methana, das ohrenbetäubende Hupen und Fluchen erhob sich erneut, und wir wurden von den schwer beladenen Erwachsenen nach draußen bugsiert, an Land.

Gepäck, Großmutter und Enkelkinder wurden alsdann in einem Café geparkt, und endlich bekamen auch wir *portokalada*, die wir sogleich gegen die Wespen verteidigen mussten: In Methana kamen auf jeden Bewohner oder Feriengast rund hundert dieser Insekten. Wahrscheinlich wurden sie von dem Geruch nach faulen Eiern angelockt, der über dem Ort waberte und seinen Ursprung im Kurzentrum am Ende des Dörfchens hatte, da, wo die alten Damen ihre Schwefelbäder zu genießen pflegten. Auf dem Weg dorthin allerdings ließen die Wespen sich von verlockenden anderen Düften ablenken. In den *zacharoplastia*, Konditoreien, gab es naturgemäß besonders viele davon, und so belagerten dort ganze Scharen der Insekten die verglasten Kühlfächer, in denen Kuchen – sirupgetränkte *Baklava*, *Bougatses* oder knallbunte Petit Fours – ausgebreitet lagen, und warteten auf ihre Chance, wenn die Kellner die Vitrinen öffneten.

Man brachte die Flaschen immer verschlossen und ließ die Kronkorken erst am Tisch knallen, was die Wespen als Startsignal zum Formel-Eins-Rennen um unsere Köpfe missverstanden. Mein Bruder und ich reagierten panisch (es dauerte immer einige Zeit, bis wir uns an die summende Gefahr gewöhnt hatten), Yiayia aber blieb ruhig. Sie zückte den chinesischen Fächer, den sie in ihrer Tasche bereithielt, und wedelte damit über den Tisch, damit wir zu unseren Flaschen greifen und ganz schnell die Strohhalme hineinführen konnten.

Währenddessen begaben sich Mama und Pappous auf Zimmersuche. Mal sahen wir sie aus einer Nebenstraße auf die Hauptstraße am Meer eilen und in die nächste einbiegen. Dann wieder tauchten sie in der entgegengesetzten Richtung auf. Plötzlich sichteten wir sie, wie sie sich aus dem Fenster eines Hauses an der Straße beugten. Dann wieder erblickten wir sie, ganz klein, am anderen Ende des Dorfes. Es war ein bisschen wie in einem Trickfilm, und so verging die erste Stunde.

Das Problem bestand darin, dass meine Familie grundsätzlich niemals ein Hotel vorreservierte – sie wollte sich bezüglich der konkreten Ankunft einfach nicht festlegen. Dies allerdings war nicht unbedingt typisch griechisch, die übrigen Methanagäste hatten offenbar sehr wohl Vereinbarungen getroffen, deswegen waren bereits fast alle Fremdenzimmer besetzt. Außer den Bruchbuden, die keiner wollte.

Mama und Pappous inspizierten also eine freie Unterkunft nach der anderen und hofften, es könne wie durch ein Wunder doch noch eine akzeptable auftauchen. Nach der dritten Runde *portokalada* gab es immer noch kein Zimmer für uns. Schließlich erschien immerhin Papa an unserem Tisch, der in der Zwischenzeit sein Boot im benachbarten Fischerort Vathi aufgebaut und angetäut hatte; da durften wir Kinder endlich aufstehen und durch den Ort gehen.

Methana bestand hauptsächlich aus einer langen Uferstraße, die von Häusern und Restaurants gesäumt war – die Küchen lagen immer auf der Häuserseite, die Tische waren auf der anderen Straßenseite am Meer unter Planen aufgestellt. Am Ende des Dorfes war der Strand, der sich nun bereits leerte: Es war bald Mittag. Die Sonne stach, das Meer glitzerte vor unseren Augen, wir schwitzten – aber unsere Badesachen waren irgendwo in einem der Koffer.

Also lungerten wir vor dem *periptero* herum, dem Kiosk, der hier Aspirin, Tageszeitungen, Badelatschen, Souvenirs und Spielzeug anbot. Meinem Bruder hatte es eine Plastikmaschinenpistole mit Camouflagemuster angetan, ich schlich um die Strandsandalen herum: Es gab Flipflops – damals hießen sie in Griechenland *sayonares* – mit bunten Plastikmargeriten über dem Zehensteg. Endlich tauchten Pappous und Mama wieder auf, und unser Tross erklomm schmale, unbefahrbare Wege den Hügel hinauf bis zu einer kleinen Pension mit kargen Metallbetten und Bad im Gang. »Das Einzige, was noch zu kriegen war«, seufzte Mama, und fügte hinzu: »Und zu einem Preis wie in einem Luxushotel! Wie ich dieses Methana hasse!«

Es muss eine Hassliebe gewesen sein – in Deutschland hörte ich sie an dunklen Wintertagen oft sehnsuchtsvoll seufzen:

»Ach, könnten wir jetzt in Methana sitzen und den Määr patschen hören« (patschen war Mamas Ausdruck für Meeresgeräusche). Kaum war sie aber da, beschwerte sie sich – über die Bewohner von Methana, die ihr besonders geldgierig und unfreundlich erschienen, die schmutzigen Toiletten in den Restaurants und Cafés (»Typisch! Die wollen nur kassieren, aber nichts tun!«) und die ewigen Wespen. Papa lästerte derweilen über die unzähligen alten Weiblein, die entlang der Hauptstraße Richtung Kurhaus schlichen und Autofahrer mit ihrer stoischen Langsamkeit ausbremsten. (»Diese Fußkranken!«, sagte er, was Mama und wir Kinder – aus Rücksicht auf Yiayia, die ja auch »fußkrank« war – nie übersetzten.)

Saßen wir dann aber endlich im Restaurant an einem Tisch in der frischen Brise, möglichst nah am Meer, begannen Mama und Papa endlich den Urlaub zu genießen. Da lehnten sie sich auf den Stühlen zurück – den typischen blauen Holzstühlen mit der bastumwickelten Sitzfläche – und atmeten tief durch. »So nah am Wasser zu essen – wo gibt es das noch!«, schwärmte Papa dann. »Herrlich, hörst du den Määr patschen?«, stimmte Mama ein, und Papa, der ihr Deutsch nie verbesserte, strahlte: »Und wie es patscht!«

Wir Kinder allerdings waren noch gar nicht in Urlaubsstimmung, im Gegenteil, wir waren stocksauer. Jetzt sollte es gleich Essen geben, dabei waren wir noch nicht ein einziges Mal im Wasser gewesen! Und nach dem Essen, das wussten wir, würden wir vier Stunden lang nicht baden dürfen, wegen der Verdauungszeit, die in Griechenland strengstens eingehalten wurde, und wegen des Mittagsschlafes. Mein Bruder meckerte außerdem, weil niemand bereit war, sich mit ihm das Maschinengewehr im *periptero* anzusehen.

Papa tröstete uns, indem er uns erlaubte, schnell in Unterhosen vor der Taverne ins Wasser zu springen – und beruhigte die Großeltern, die fürchteten, wir könnten uns durch die nassen Hosen eine Blasenentzündung einhandeln: »*Endaxi, Yiayia. Endaxi, Pappous.*« Gegen ein *endaxi*, ein Okay von Papa hätten die beiden nie protestiert, das wäre unhöflich gewesen.

Pappous hatte derweilen die Bestellung in die Hand genommen, er orderte im Befehlston: »Bring Brot und Salat. Und Wasser, wir verdursten! Was gibt es für Ofengerichte? Was, kein Lamm? Na gut, dann *Kokinisto*, Rind in Tomatensauce. Aber vielleicht zur Vorspeise noch *Marides*, Fischchen, wenn sie fangfrisch sind. Und *Gigantes*, große Bohnen. Und *Tiganites Patates*, Pommes, für alle, und, und!!!«

An allen Tischen schnauzten die Piräoten und Athener die Kellner so an. Die Restaurantbesitzer nahmen die Bestellungen mit einem Kopfnicken entgegen, beim Weggehen ließen sie dann Dampf ab: »Janniiiii, Wasser, Brot und eine *Choriatiki*, Bauernsalat, zu Nummer acht, *grigora, min fas hastouki*, schnell, sonst kriegst du eine Ohrfeige!!!« Das Gebrüll galt dem *paidi*, dem Kind, das im Restaurant arbeitete.

In fast allen griechischen Lokalen waren zu jener Zeit Kinder – Jungs im Alter ab etwa zehn Jahren – beschäftigt (obwohl Kinderarbeit grundsätzlich natürlich verboten war). Das *paidi* war meist ein Sprössling der armen Verwandtschaft des Restaurantbesitzers, der aushalf. Seine Aufgabe war es, die Tische zu wischen, die schweren Tabletts mit den Speisen zu bringen, abzuräumen und überhaupt alles, was anstrengend war. Wie aufgezogen rannte das *paidi* von der Küche über die Straße zu den Tischen und zurück, so dass die Autos und die dreirädrigen Kleinlaster hupten. Der Lokalbesitzer durchmaß derweilen wichtigtuerisch die Reihen, trieb das *paidi* an – und kam erst wieder zum Kassieren an den Tisch.

Trotzdem fand mein Bruder die Rolle des *paidi* ziemlich faszinierend. »Das sind doch auch noch Kinder wie wir!«, sagte er. »Und verdienen schon Geld!« Als die Teller leer gegessen vor uns standen und Trauben von Wespen sich darauf niederließen (in Griechenland wird immer erst abgeräumt, wenn die Gäste den Tisch verlassen), winkten Mama oder Yiayia immer das *paidi* an unseren Tisch und drückten ihm ein paar Münzen in die Hand – sie vertrauten nicht darauf, dass Onkel Tavernenbesitzer seinem armen Neffen je etwas vom Trinkgeld abgab.

Am Tag nach der Ankunft machten wir endlich mit dem Baden ernst, davor wurden wir Kinder aber noch ausgestattet: Ich bekam die *sayonares* mit Margeriten, außerdem durften wir uns Sonnenhüte aussuchen, die wir den ganzen Tag auflassen sollten. Mein Bruder allerdings interessierte sich wenig für Schuhe und Hüte – er wollte das Maschinengewehr. Doch da biss er bei Eltern und Großeltern auf Granit. Nicht etwa, weil sie etwas gegen Kriegsspielzeug einzuwenden gehabt hätten – solch prinzipielle pädagogische Erwägungen waren ihnen fremd. Nein, sie sahen es einfach nicht ein, ausgerechnet hier in Methana ein überteuertes Urlaubsnepp-Maschinengewehr zu kaufen. »Jedes Jahr dasselbe!«, stöhnte Mama dazu nur. »Wisst ihr noch, der Tank?«

Im Sommer davor hatte mein kleiner Bruder sich am Kiosk mit aller Kraft an einen Plastikpanzer (inklusive Bleierbsen zum Umnieten mitgelieferter Plastiksoldaten) geklammert und so lange geschrien, bis die Erwachsenen das Spielzeug kaufen mussten, um keinen Aufruhr zu verursachen. Jetzt war er für solch radikale Maßnahmen zu groß, wenngleich sich die Erwachsenen dessen offenbar nicht so ganz sicher waren – Pappous jedenfalls wirkte bereits etwas nervös: »Wenn du willst, dann kaufe ich dir in Piräus ein Maschinengewehr«, beschwichtigte er. »Eines, das viel größer ist und ratatatata macht. Das hier macht ja nicht mal ratatatata.«

»Sag ihm, ich will kein Ratatatata. Ich will einfach nur dieses Maschinengewehr«, beschwor mich mein Bruder, der nicht so gut Griechisch konnte wie ich. Aber es half nichts: Er bekam nur Gummilatschen und eine Kappe.

Dem Ort Methana vorgelagert gibt es eine kleine Insel, die durch eine Mole mit dem Festland verbunden ist. Rechts der Mole dümpeln Fischerboote, links davon liegt die »Plage«. So sagte man im frankophilen Griechenland gern zum Strand. Heute gibt es schicke Bastschirme, Liegestühle und feinen goldenen Sand an der Plage von Methana. Damals war da aber noch kein Sand, da waren nur faustgroße, dunkelrote runde Lavasteine, die in der Sonne enorm aufheizten, und ganz normale Sonnenschirme.

Unter den Sonnenschirmen saßen die Omas auf Handtüchern. So wie unsere Yiayia. Im Gegensatz zu den anderen alten Damen, die in ihren Badeanzügen hier hockten und sich von den ärztlich verschriebenen Ertüchtigungsmaßnahmen erholten (vierzig Meeresbäder!), saß Yiayia bekleidet unter ihrem Schirm, fächerte sich mit ihrem Chinafächer Luft zu und freute sich: »*Ah, thalassoula mou!*« *Thalassoula* ist die Verzärtelung des Wortes *thalassa*, Meer, also sozusagen »Meerlein«.

»Aber warum gehst du nie rein?«, fragten wir Kinder.

»Ach nein«, antwortete Yiayia. »Ich genieße das Meer lieber von draußen. Zum Baden bin ich zu alt.« Sie sei auch früher nie baden gegangen, verriet Mama uns hinter vorgehaltener Hand. Wahrscheinlich konnte sie nicht schwimmen.

Der Pappous allerdings war ein guter Schwimmer. Früher. »Euer Pappous ist geschwommen wie ein Fisch«, sagte Yiayia. Am Dreikönigstag, wenn die Popen mit Booten aufs Meer fahren und ein Kreuz ins Wasser werfen, sei er seinerzeit bei den jungen Männern, die danach tauchten, immer vorne dran gewesen. »Euer Pappous hat das Kreuz oft hochgeholt.« Wir sahen ihn allerdings immer nur bis zu den Waden im Seichten stehen, mit hochgekrempelten Anzughosen.

»Pappous, warum gehst du denn nie schwimmen?«

»Dafür bin ich schon zu alt«, meinte auch er. Dann krempelte er die Hosen wieder herunter, zog seine schwarzen Herrenschuhe an und verkrümelte sich Richtung Dorf. Stundenlang untätig am Strand herumhocken war seine Sache nicht. Warum die Großeltern allerdings nicht badeten, das habe ich nie herausgefunden – und niemand von der Verwandtschaft weiß es zu erklären.

Wir schwammen und tauchten dafür besonders ausgiebig, es war die beste Methode, den Wespen zu entkommen. Ihr giftiges Summen war auch überall am Strand vernehmbar, angelockt wurden sie von *psomi ke tiri*, Käse und Brot, mit dem die übrigen Kinder in ihren Schwimmpausen gemästet wurden. Dementsprechend sahen die Kinder auch aus. Sie waren – auch wenn das nach heutigen Maßstäben nicht politisch korrekt klingt – fast ausnahmslos dick, ziemlich viele sogar derart übergewichtig, dass es nur so schwabbelte und sie sich kaum richtig bewegen konnten. »Gut, dass wir nicht für immer in Griechenland bleiben müssen«, sagte mein Bruder, der noch wegen des Maschinengewehrs verstimmt war. »Sonst würden wir so dick werden wie die anderen.«

»Du vielleicht, ich sicher nicht!«, sagte ich. Ich aß immer noch so wenig von dem griechischen Essen, wie nur irgend möglich war.

Papa mochte den überlaufenen Methana-Plage nicht, wohl aber das kleine Lokal am Ende des Strandes auf der kleinen Insel: Abends wurde es zur Freiluftdisko, tagsüber war es eine Strandbar: Hier setzte sich Yiayia an einen der runden Tische, wenn sie es nicht mehr in der Hitze unter den Schirmen aushielt, und gönnte sich einen *baklava*. Papa musste Ouzo trinken, uns Kindern zuliebe.

Papa trank ganz gerne mal Ouzo, normalerweise aber nicht schon tagsüber. Der Ouzo in der Diskostrandbar wurde allerdings stets mit einer Platte kleiner *mezedes*, Vorspeisen, serviert, auf die waren wir Kinder scharf – sogar ich: Es gab Mini-*Keftedes*, gefüllte Weinblätter, ein paar Oliven, Käse, alles luftig arrangiert und nicht so erschreckend üppig aufgetragen wie im Restaurant.

Der Teller mit den *mezedes* leerte sich meist schneller, als Papa *yia mas*, Prost, sagen konnte, dann bettelten wir nach den nächsten *mezedes*, bis Papa dem Kellner ein Zeichen gab: »*Alo ena*, noch einen.« Nach ein paar Runden Ouzo war Papa so aufgekratzt, dass er plötzlich Griechisch konnte. Dann scherzte er mit der Yiayia über Mama, die immer noch in der Sonne lag und sich allmählich krebsrot färbte: »*Maria ine treli*, Maria ist verrückt!«

»*Uuh!*«, machte Yiayia bekräftigend: »*Apo mikri*, das war sie schon von klein auf.«

Am Abend nach dem Essen wurde flaniert, dazu mussten wir uns extra herausputzen. Mamas Haut leuchtete bereits kräftig rot zum Sommerkleid. »Keine Sorgen, morgen bin ich schwarz«, sagte sie auf Deutsch. Denn im Griechischen heißt Sonnenbräune *mavrila* – Schwärze.

Wir reihten uns ein in die Schlange der übrigen Badegäste, die sich nun zwischen die fußkranken Weiblein mischten. Ich musste mich bei Yiayia unterhaken, die schimpfte auf den ungeduldigen Pappous, dem das Spazieren zu langsam ging: »Immer rennt er, dein Pappous, immer ist er hektisch. Aber ich kann nicht so rennen wie er.« Also tippelten wir mit ihr Schrittchen für Schrittchen den Asphaltboulevard entlang, vorbei an den vollen Tavernen mit den brüllenden Kellnern und den schuftenden Kindern, vorbei an den *zacharoplastia*, wo die Gäste die Wespen von den Kuchen schlugen, bis nach hinten zum Kurhaus – und wieder zurück zur Mole. Wenn wir genug flaniert hatten, war es endlich Zeit für die Stranddisko.

Am Abend wurde die runde Tanzfläche von bunten Lichtern beleuchtet, in der Mitte der Decke blitzte eine Diskokugel, und alle, alle fanden sich ein:

Es tanzten die Dorfjugend, junge, schicke Athenerinnen, alte Ehepaare, junge Verliebte und mittendrin ich – in einem Rudel anderer kleiner Mädchen, das gut die Hälfte der Tanzfläche einnahm. Es tanzten sogar Babys, auf den Armen der Mütter, und ein paar von den Omas. Nur mein Bruder nicht.

Noch immer hatte er das Maschinengewehr nicht bekommen, die Sache wurde ihm langsam zur fixen Idee – er konnte an nichts anderes mehr denken. Mittlerweile war er richtiggehend sauer: »Nie kriege ich mein Gewehr! Darum mag ich euch alle nicht mehr!«, schimpfte er. »Jetzt bleibe ich ohne euch in Methana und werde *paidi*. Dann habe ich selbst Geld und kann mir endlich mein Maschinengewehr kaufen!« Plötzlich kamen Hand in Hand zwei kleine Mädchen auf ihn zu: »*Koritzaki*, Mädchen«, sagten sie. »*Ela na chorevsoume*, komm mit uns tanzen.« Da reichte es ihm endgültig, und er verzog sich alleine an einen Tisch und sprach den ganzen Abend mit niemandem mehr ein Wort.

Der DJ – es war der Diskobesitzer persönlich – spielte griechische Popmusik, internationale Popmusik, alte Schlager, Rock'n'Roll, Engtanzschnulzen, und gegen Mitternacht, wenn die Stimmung besonders ausgelassen war, griechische Tänze. Da stemmten sich sogar alte Fischer, die bis dahin in den Ecken gesessen hatten mit dem *komboloi* zwischen den schwieligen Fingern, von ihren Stühlen hoch und reihten sich ein. Und die Dorfmachos in ihren engen schwarzen Hosen und aufgeknöpften weißen Hemden, die den Abend über die jungen Athenerinnen angebaggert hatten, führten die Schlange an und schrien »*Ooopa! Ooopa!*« Wie man das beim griechischen Tanz eben so macht.

So ein *kefi* gibt es nirgends sonst auf der Welt, schwärmten Mama und Papa, wenn wir, lange nach Mitternacht, erschöpft nach Hause schlenderten. Ja, es gibt noch nicht einmal eine Übersetzung für das Wort »kefi« – am nächsten kommt ihm noch das Wort »Gaudi«, meinte Papa, der Bayer.

Den größten Teil des Badeurlaubes verbrachte Papa allerdings nicht in Methana, sondern in dem Nachbardorf Vathi bei seinem Motorschlauchboot. Vathi bestand nur aus einer kleinen Mole und ein paar Fischerhäusern – das war mehr nach Papas Geschmack. Oft holte er Mama, meinen Bruder und mich zu Ausflügen ab, dann tuckerten wir mit dem Boot an menschenleere Sandstrände. Wir lernten schnorcheln und nach Muscheln tauchen, und Mama und Papa arbeiteten an der perfekten, streifenfreien Sonnenbräune. (Wir Kinder ließen die Hosen aber an, weil wir Nacktbaden peinlich fanden, selbst wenn's keiner sah.)

Regelmäßig fing Papa mit der Harpune Fische oder Oktopoden, die er uns am Strand am Feuer briet. Mama sammelte Seeigel mit uns, die sie und Papa aufbrachen und ausschlürften (wir Kinder probierten nur einmal – und spuckten das schleimige Innere gleich aus). Wir fühlten uns wie Familie Robinson und kehrten immer erst bei Sonnenuntergang in die Zivilisation zurück.

Schließlich eröffnete ein Fischerehepaar – Dimitri und Chrissoula – in Vathi im Untergeschoss des eigenen Hauses eine kleine Taverne direkt am Meer und richtete im ersten Stock ein paar Fremdenzimmer ein. Papa wurde der erste Feriengast der beiden und zog fortan ganz hierher, wenn wir anderen in Methana waren. Allerdings besuchten wir uns ständig gegenseitig, und so kamen unsere Eltern beide auf ihre Kosten: Mama, die Trubel liebte und nur gelegentlich etwas Ruhe brauchte, und Papa, bei dem es genau andersherum war.

Mein Bruder übernachtete oft bei Papa in dem kleinen Apartment in Vathi, ich blieb abends meist in Methana. Nur ein einziges Mal, viele Jahre später – da war ich bereits fast vierzehn –, beschloss ich, ebenfalls in Vathi zu schlafen, um am nächsten Morgen ganz früh mit den anderen beiden zum Angeln hinauszufahren. »Es wird dir bestimmt gut gefallen«, sagte Papa. »Abends ist es hier völlig still. Und Dimitri und Chrissoula sind sehr nett.«

Das konnte ich nicht finden: An jenem Abend – mein Bruder war nach dem langen Tag schon erschöpft ins Bett gefallen – kümmerten Dimitri und Chrissoula sich nicht die Bohne um uns. Sie kamen nicht einmal, um die Bestellung aufzunehmen; am Stress konnte es nicht liegen, wir waren die einzigen Gäste.

Endlich schlurfte Dimitri heran, mit einem seltsamen Grinsen im Gesicht. Dann, nach einer halben Ewigkeit, erschien Chrissoula und knallte unfreundlich die Gläser auf den Tisch. »*Simera* no eat. Only Chicken *apo to mesmeri*, heute gibt's nichts – nur noch Huhn vom Mittag«, sagte sie in ihrem für ausländische Touristen reservierten Kauderwelsch. Papa guckte verwundert drein. »*Ochi Bifteki? Ochi Prisola*, nein Bifteki? Nein Kotelett?«, fragte er, seinerseits in seinem Urlauberkauderwelsch.

»*Ochi Bifteki! Ochi Prisola! Skara*, Grill, kaputt!« antwortete sie.

Eine gute Stunde später (da war das Huhn vom Mittag endlich wieder warm), stellte sich heraus, welche Laus Chrissoula über die Leber gelaufen war – als sie die Teller auf den Tisch knallte, schimpfte sie im Weggehen: »In Methana drüben sitzt seine Frau, und hier holt er sich die *gomena*, Geliebte, ins Haus. Diese Männer!«

Sie wusste ja nicht, dass ich Griechisch verstand. Und sie dachte immer, Papa hätte nur ein Kind, meinen Bruder. Außerdem war ich mit vierzehn schon recht frühreif – im Licht der trüben Funzel überm Tisch sah ich älter aus.

Papa klärte die Sache auf, da lachte Chrissoula los, machte ftuftuftu und kniff mich in die Backe. Und Dimitri gab Ouzo aus. Ich durfte zum ersten Mal mittrinken (einen Fingerbreit, mit sehr viel Wasser, das den Anisschnaps milchig verfärbte). Schließlich war ich für eine Erwachsene gehalten worden – ein Grund zum Feiern, fand ich.

Es lag ein wenig Wehmut in der Luft an jenem Abend, als hätten wir geahnt, dass wir zum letzten Mal alle gemeinsam Urlaub in Methana (und Vathi) machen würden. Die Großeltern waren jetzt sehr alt, bald würden sie wohl nicht mehr reisen können. Und ich war fast erwachsen ... Plötzlich schwelgten wir in Erinnerungen an all die Jahre, die wir hier verbracht hatten: »Weißt du noch, wie dein Bruder schwimmen gelernt hat?« Da war er drei und hatte Angst vor dem Wasser. Er schrie wie am Spieß, wenn Mama ihn hineintrug. Er schrie aber auch, wenn sie ihn wieder an den Strand brachte. Er war zwischen Schrecken und Faszination total hin- und hergerissen.

Oder: »Weißt du noch, wie ich meinen ersten Fisch gefangen habe?« Ich hatte die Angel an der Mole in Methana ins Wasser gehängt und gesagt: »Jetzt zähle ich bis fünfzig, dann ziehe ich die Schnur raus und schaue nach, ob einer angebissen hat.« Da hing dann tatsächlich ein Fischchen dran!

Und wir lachten darüber, dass mein Bruder, nun elf Jahre alt, immer noch bei jedem Streit drohte: »Dann gehe ich eben nach Methana und werde *paidi!*«

»Eines aber ist erstaunlich – in all den Jahren ist nie jemand von uns hier von einer Wespe gestochen worden«, sagte Papa.

»Das stimmt doch gar nicht! Ich bin gestochen worden.« Mein Vater konnte sich nicht daran erinnern, aber ich werde es nie vergessen:

Papa befand sich schon eingekeilt mit dem Wagen auf der Fähre zurück nach Piräus, wir aber standen noch draußen, mit all unserem Gepäck und der blinden Oma – nur vom Pappous war wieder einmal nichts zu sehen.

»Wir müssen endlich einsteigen, sonst fährt das Schiff ohne uns ab«, sagte Mama. »Der Pappous wird's schon noch im letzten Moment schaffen.« Yiayia aber wollte nicht riskieren, dass ihr Mann allein zurückblieb. Und so warteten wir unruhig in der prallen Sonne.

Dann sahen wir ihn, ganz hinten am *periptero*, ganz klein, er lief auf uns zu und schwenkte einen langen Gegenstand über seinem Kopf: Das Plastikmaschinengewehr! Er sah aus wie ein alter Partisan (aber das ist mir heute erst klar).

Mein Bruder stimmte ein Freudengeschrei an, ich aber schrie noch viel lauter. Denn just in diesem Moment stach mich eine Wespe, die sich unterm Kleid in meinem Sommerhöschen verheddert hatte, in den Po! Ich schrie und schrie, als Mama mich an Bord zerrte, und dort kreischte ich noch lange weiter. Bis Methana nicht mehr in Sicht war.

Yiayia in Monacho

Ihr ganzes Leben lang waren Yiayia und Pappous nie länger als ein paar Tage voneinander getrennt gewesen – außer wenn Yiayia zur Kur ging, und auch dann besuchte der Großvater sie an den Wochenenden. Als Mama der Yiayia aber eines Tages am Telefon vorjammerte, wie schlecht die Kindermädchen in Deutschland seien und wie schwer es wäre, jemand wirklich Nettes zu finden, packte Yiayia ihre Koffer und reiste zu uns. Sie blieb zwei Jahre.

Mama hatte als angehende Opernsängerin viel zu tun – mehrmals wöchentlich besuchte sie ihre Gesangslehrerin, sie hatte Schauspielunterricht, sie übte in Begleitung ihres Korrepetitors und bereitete sich aufs Vorsingen vor. Zu Hause saß sie am Klavier und machte Stimmübungen, die gingen so: Ninininiiiiiii, Nananananaaaaaa. Allein das erforderte Stunden. Papa arbeitete in einem Ingenieurbüro. Unser Kindermädchen war eine ältere Dame, die wir Omi nennen mussten, die aber alles andere als eine liebevolle Ersatzgroßmutter war – Omi Neumeier vertrat einen äußerst autoritären Erziehungsstil: Ihrer Meinung nach mussten Kinder schweigen, wenn Erwachsene sprachen, sie mussten ihre Teller leer essen, auch wenn sie satt waren, und wenn sie abends auf uns aufpasste, steckte sie uns bereits am helllichten Tag – um neunzehn Uhr – ins Bett, obwohl Mama und Papa das gar nicht verlangten. Nach der Erfahrung mit Omi Neumeier entwickelte Mama ein tiefes Misstrauen gegen deutsche Erziehungsregeln.

Yiayia war nicht nur niemals von ihrem Mann getrennt gewesen – sie hatte auch noch nie das Ausland besucht (zumindest wenn man Kleinasien, also die Türkei, in der sie aufgewachsen war, nicht mitzählte). Und sie sprach kein Deutsch. Sie war außerdem alles andere als rüstig – sie hatte Rheuma, einen empfindlichen Magen, und außerdem war sie ja so gut wie blind. Unter diesen Voraussetzungen war eigentlich schon die lange Anreise allein mit dem Zug – drei Tage und drei Nächte – eine Zumutung. Nicht aber für Yiayia, meine abenteuerlustige Oma, die schon die vergleichsweise kurzen Reisen auf die Inseln vor Athen so ausnehmend genießen konnte. Ich kann sie mir gut vorstellen, wie sie in ihrem Abteil saß und die Mitreisenden auf der Fahrt durch Jugoslawien ansprach: »Ich rieche Heu, da draußen scheinen Bauern auf den Feldern gerade zu mähen.« »Ja, genau!«, würden die Mitreisenden antworten. »Ahh, habe ich's mir doch gedacht«, hätte Yiayia dann bestimmt gesagt, während vor ihrem inneren Auge die abgemähten Felder vorbeizogen, »meine Nase trügt mich nie.«

Reisen versetzten Yiayia in Euphorie – in ihrer Vorfreude liebte sie es sogar, ihre Koffer zu packen. »Niemand packt Koffer so perfekt wie Yiayia«, sagte Mama immer. In penibelster Ordnung schichtete sie alles in die Taschen, so dass besonders viel hineinpasste; sie war stets bestens ausgerüstet und hatte doch nie zu viel dabei. Nach *Monacho* kam sie mit nur zwei Koffern.

Mit Yiayias Ankunft zog ein kleiner Vogel in unsere Wohnung, der Süßigkeitenvogel: Jeden Morgen, wenn ich aufwachte und im Bett unter mein Kissen langte, lagen da ein paar Gummibärchen oder ein kleiner Haufen rosa und weißer Schokolinsen. »Wo kommen die her?«, fragte ich immer wieder. »Die hat das *poulaki*, Vögelchen, gebracht«, behauptete Yiayia mit ernstem Gesicht.

»Und wo ist das *poulaki* jetzt?«

»Das ist ganz früh davongeflogen, denn es ist sehr scheu – aber morgen früh kommt es sicher wieder!«

Im Winter durften wir das *poulaki* mit Brotkrümeln füttern. Wir streuten die Krümel auf das Fensterbrett unseres Kinderzimmers, dann warteten wir hinter dem verschlossenen Fenster auf Amseln und Meisen. Die Brotkrümel mussten allerdings feucht sein, bevor wir sie auf das Fensterbrett legten: »Wenn Vögel trockene Krumen aufpicken, quillt das Brot in ihren Mägen auf. Dann platzen die armen Vögelchen«, sagte Yiayia. Ich glaube kaum, dass an dieser Theorie etwas dran ist, doch wenn ich als Kind Leute beobachtete, die Enten mit trockenem Brot fütterten, blickte ich mich immer um, um zu sehen, ob irgendwo geplatzte Tiere herumlagen.

Ich konnte noch nicht wirklich gut Griechisch, als Yiayia zu uns kam – Mama sprach zu Hause ja immer Deutsch mit Papa und uns. Die paar Brocken, die ich beherrsche, hatte ich bei den Griechenlandreisen aufgeschnappt. Einmal war ich angeblich als ganz kleines Kind mit Mama in Piräus auf dem Markt unterwegs, wo ich um einen Apfel bettelte. Mama hatte es allerdings eilig und ignorierte mich, bis ich dann laut und vernehmlich plötzlich in klarstem Griechisch »*Mama, thelo ena milo,* Mama, ich will einen Apfel« ausrief – so erzählt Mama es zumindest immer, allerdings denke ich, dass ihr die Erinnerung dabei einen Streich spielt. Nach Yiayias Ankunft aber beherrschte ich die Sprache in kurzer Zeit, und das ist wohl tatsächlich wahr, denn ich kann mich noch an Yiayias Märchen erinnern.

Mama und Papa hatten zu viel zu tun, um uns Geschichten zu erzählen. Das übernahm jetzt Yiayia. In unserem Kinderzimmer gab es eine große Spielzeugtruhe vor der Heizung an der Ecke, die polsterte sie mit Kissen, und wir ließen uns darauf zur Märchenstunde nieder: Die Geschichten, die hier als Grimms Märchen bekannt sind, gehören offenbar nicht allein zum deutschen Erzählschatz – ich hörte sie alle zuerst auf Griechisch von Yiayia, die kaum je etwas von den Gebrüdern Grimm gehört haben dürfte, und so lernte ich das Schneewittchen zunächst als *Chionati* und das Aschenputtel als *Stachtopoula* kennen.

Es gab aber auch griechische Geschichten, etwa die von der Krähenmutter und der Nachtigallenmutter: Einmal bittet die schöne Nachtigall die hässliche Krähenmutter, ihrem Kind das vergessene Pausenbrot in die Schule zu bringen: »Du erkennst mein Kind daran, dass es das schönste ist und die schönste Stimme besitzt«, sagt die Nachtigall.

Endlich kehrt die Krähenmutter zurück: »Liebe Nachtigall, ich habe überall gesucht, doch dein Kind konnte ich nirgends finden«, sagt sie. »Auf dem ganzen Schulhof war nur ein schönes Kind, das eine wohlklingende Stimme besaß. Aber das war mein eigenes«, so die Krähe.

Mein Bruder war bei Yiayias Ankunft so klein, dass er noch gar nicht sprechen konnte. Der Sprachenwirrwarr in unserer Familie brachte ihn derart durcheinander, dass es erst einmal dabei blieb – er sprach weder Deutsch noch Griechisch. Wenn Yiayia Märchenstunde abhielt, hockte er dennoch gebannt vor uns auf dem Boden und ließ sich von Yiayias weicher Stimme einlullen. Manchmal packte er dann eines ihrer dicken Beine, drückte es mit aller Kraft und machte: »Liiii, liiii.«

»Was chat das Kiend?«, sorgte sich Mama. »Was will er?« Schließlich kam sie darauf, dass mein Bruder zum Ausdruck bringen wollte, wie sehr er die Yiayia liebte.

Wenn mein kleiner Bruder nach dem Mittagessen nicht einschlafen konnte, baute Yiayia ihm eine Hängematte auf dem Balkon: Dort war eine Wäscheleine gespannt, an dieser befestigte sie mit einer speziellen Falttechnik eine Decke – so, wie man es in Griechenland und Kleinasien zu ihrer Zeit auf dem Lande zu tun pflegte. Yiayia und ich hockten uns daneben und sangen meinen Bruder mit einem griechischen Schaukellied in den Schlaf: *Kounia, bela.* Man hörte dieses Lied auch auf griechischen Spielplätzen. Es handelt sich dabei um ein ziemlich grausiges Stück, bei dem es darum geht, dass dem schaukelnden Kind der Kopf zerbricht und daraus ein junges Mädchen entsteigt, das Stella heißt – so wie ich. Darum war das als Kind mein griechisches Lieblingslied.

Aus Decken und Besenstielen baute Yiayia uns außerdem Zelte, das sollten Indianertipis sein. Sie malte uns mit Mamas Lippenstift Kriegsbemalung auf die Gesichter und lehrte uns den Indianertanz: Dazu wedelte sie abwechselnd mit der linken oder rechten Hand in der Luft.

Wenn Nachbarsmädchen zu Besuch kamen, spielten wir *nifes*, Bräute, das liebste Spiel kleiner griechischer Mädchen. Aus einem Gardinenrest nähte Yiayia einen Schleier (ich half ihr und legte Nadel und Faden in ein Plastikkästchen ein, das das Einfädeln übernahm und zu diesem Zweck für Blinde verkauft wurde). Unzählige Vermählungen fanden in meinem Kinderzimmer statt. Nach der Trauung gab es aus meinem Puppengeschirr Schokolade mit der *koubara*, Trauzeugin. Nur der Bräutigam – mein Bruder – spielte nie richtig mit, sondern stieß die Tassen um oder riss am Schleier, so dass er während der Zeremonie ins Wohnzimmer verbannt werden musste.

»Was sie sich alles einfallen lässt!«, schwärmte Papa über die Yiayia. »Sie ist die beste Oma, die man sich vorstellen kann.« »Als Mutter war sie ganz anders«, sagte Mama. Streng sei die Yiayia gewesen und laufend krank, »dann musste ich die Wäsche für die ganze Familie waschen, und da war ich noch klein«, klagte Mama. Die Yiayia sei überfordert gewesen.

Als Yiayia mit neunzehn Jahren heiratete, musste sie nicht nur ihren Mann, sondern auch seinen Bruder und seinen Vater, den alten Pappous, versorgen. Dabei war sie als verwöhnte Tochter aus gutem Hause groß geworden und an die viele Arbeit nicht gewöhnt. Ihr erstes Kind, den kleinen Konstantin, verlor sie durch ein Fieber, als er ein Jahr alt war: »Die Ärzte sagten immer: Haltet ihn warm und gebt ihm Warmes zu trinken. Dabei hätte er Kaltes gebraucht. Die Hitze hat ihn umgebracht«, erzählte Yiayia – das ging ihr noch nach, als sie schon alt war. Ein weiteres Kind kam tot zur Welt, weil Yiayia im achten Schwangerschaftsmonat verunglückt war – ein Radfahrer hatte sie zu Boden gerissen. Sie hatte eine Vertreibung und zwei Weltkriege erlebt, und als Giorgos, Mama und Michalis auf der Welt waren, legte Yiayia sich immer öfter zu Bett; sie war müde und krank geworden.

Yiayia war vor der Zeit gealtert – wie eine uralte Frau mit tausenden Fältchen sah sie aus, ihr Haar war grau, und sie bewegte sich wie eine Greisin – da war sie noch unter fünfundsechzig. Mit uns Kindern aber holte sie alle Spiele nach, die sie bei den eigenen Kindern verpasst hatte, und sie genoss sie, als wäre sie selbst wieder ein Kind. »Es ist die Blindheit, die Yiayia verändert hat«, glaubte Mama. »Sie hat sie milde gemacht.« Wir kannten sie als die liebenswürdigste Frau der Welt.

Was Yiayia in Deutschland am schönsten fand, war die Landschaft: Das üppige Grün überall, das sie sehr wohl wahrnehmen konnte, wenn auch nur verschwommen – und den Duft der Bäume und Blätter. Die Gegend muss sie an ihre alte Heimat Kleinasien erinnert haben, wo alles so üppig wächst wie in Deutschland. Sie begleitete uns auf unsere Sonntagsausflüge, dort war es, wo sie mich in Pflanzenkunde unterrichtete – Yiayia war ja auf einem Landgut aufgewachsen, sie kannte sich in der Natur aus. Sie sammelte Kamille für den Kamillentee und Minze, und ich half ihr jungen Löwenzahn zu suchen. Daraus machten wir zu Hause Salat, oder wir brühten die

Blätter heiß ab – so entstanden griechische *Chorta*, die Yiayia mit Zitronensaft und Olivenöl beträufelte. Ich weiß noch, wie wir einmal an einem kalten Frühjahrstag am Waldrand saßen, irgendwo in Oberbayern in der Nähe von Glonn muss es gewesen sein, denn da bestellten die Eltern nach dem Spaziergang regelmäßig Schweinebraten in ihrem Lieblingsgasthof »Der große Wirt«. An jenem Tag pfiff ein scharfer Wind, und ich hatte keine Mütze dabei. Da schlang Yiayia mir eine der sauberen Stoffwindeln meines Bruders als Kopfbedeckung um den Kopf, und so sah ich aus wie die Landarbeiterinnen in ihrer Kindheit: »Jetzt bist du eine kleine *choriatissa*, ein Bauernmädchen.«

Yiayia begleitete Mama auch ab und an in die Münchner Innenstadt zu Einkäufen – es gibt ein Foto von ihr, wo sie am Münchner Stachus posiert. Sie trägt darauf ein dunkelblaues Kostüm und ihre große Bernsteinbrosche und hat ihre dunkle Sonnenbrille aufgesetzt – das tat sie immer, wenn sie sich schick machte, damit man ihre blinden Augen nicht sehen konnte, die von trüben grauen Schlieren überzogen waren. Und manchmal nahm sie zu Hause ihren abgegriffenen schwarzen Ledergeldbeutel in die Hand und ächzte allein die vielen Stufen aus dem dritten Stock hinunter und weiter in den Milchladen oder zum Supermarkt, um kleine Einkäufe zu machen. Irgendwie kam sie zurecht, es war ja offensichtlich, dass sie blind war – da waren die Leute hilfsbereit, wenn sie einen auswendig gelernten Satz aufsagte und beispielsweise: »Bonbon, bieete, wo ist?«, fragte.

Ansonsten war sie aber wohl die meiste Zeit im Haus. Es muss einigermaßen eng in unserer Wohnung gewesen sein; Yiayia schlief bei uns im Kinderzimmer. Papa hatte sich mittlerweile beruflich selbstständig gemacht, er arbeitete in der Wohnung in seinem Büro, das immer voll dichter Rauchschwaden stand. In unserer Rumpelkammer zwischen Kinderzimmer und Schlafzimmer kopierte Papa die Pläne von seinem Zeichenbrett mit einem giftigen chemischen Verfahren, das damals dazu nötig war, darum nannte er die Kammer zum Spaß »Dunkelkammer«. (Noch heute glaubt Mama, Dunkelkammer sei das korrekte Wort für Rumpelkammer.) Oft kamen sein Kompagnon, Architekten, Bauherren und Handwerksmeister zu Besprechungen. Yiayia sagte dann zu jedem »Kriss Kott« und kochte in unserer Küche Mokka, den sie auf einem kleinen Tablett servierte und der immer reißenden Absatz bei Papas Geschäftskollegen fand. Und sie scheuchte uns ins Kinderzimmer, wo wir ganz leise spielen mussten. Yiayia lehrte uns, den Ball im Haus nie hopsen zu lassen – wir saßen mit ihr auf dem Boden und spielten Spiele, bei denen er gerollt wurde. Grundsätzlich war lautes Spielen bei uns im Haus nicht gestattet, es waren noch die Sechzigerjahre, die Nachbarn beschwerten sich bei jedem Laut. Da war es schon schlimm genug, dass Mama für ihre Stimmübungen immer auf dem Klavier den Ton anstimmen musste – und auch das war ihr nur zu bestimmten Zeiten erlaubt.

Auf den Spielplatz begleitete Yiayia mich nie, das hätte sie überfordert, aber das war kein Problem: Damals gingen auch kleinere Kinder alleine raus. Ich wurde schon als ich vier war immer von dem Nachbarsjungen mit hinuntergenommen, der war fünf. Und es war ja meist jemand zu Hause, der ab und an aus dem Fenster nach uns sah.

Mein Bruder aber war definitiv noch zu klein, um allein hinunterzugehen, außerdem war er ziemlich wild – selbst Restaurantbesuche waren mit ihm ein Problem, denn entweder büxte er aus, oder er versuchte, die Tischdecken von den Tischen zu ziehen. Darum musste er oft mit Yiayia zu Hause bleiben, wenn wir anderen essen gingen oder eingeladen waren. Dann stand er die ganze Zeit über am Fenster und heulte uns nach, bis Yiayia zu Mama sagte, dass sie das nicht mehr gutheißen könne. »Das schadet dem Kind«, fand sie, und Mama hörte darauf, sie nahm alles ernst, was Yiayia sagte. »Die Yiayia sieht zwar nicht gut, aber sie hat auch am Rücken Augen«, sagte Mama – so heißt es im Griechischen, wenn jemand alles mitbekommt.

»Eines verstehe ich nicht«, sagte Mama eines Morgens zu ihrer Mutter. »Gestern erst habe ich vier Liter Milch gekauft – und heute ist kein Tropfen mehr übrig. Wie kann es sein, dass wir so viel Milch in so kurzer Zeit verbraucht haben?« Sie öffnete den Kühlschrank, um es zu demonstrieren – und sonderbarer Weise standen die Flaschen noch im Fach, allerdings leer. »Und wer stellt denn bitte leere Flaschen in den Kühlschrank?«

Mama kaufte wieder Milchflaschen. Kurz darauf standen sie wieder leer im Kühlschrank. »Ich habe da so eine Ahnung...«, sagte Yiayia.

Sie ertappte meinen Bruder schließlich auf frischer Tat: Er schlich sich mit den Milchflaschen ins Bad und goss den Inhalt ins Klo – einfach so, weil es so schön gluckerte. Als kurze Zeit später die Toilette verstopfte, war es wieder Yiayia, die den Grund dafür herausfand. Denn zeitgleich war eine kleine Sandale meines Bruders verschwunden. Und richtig, Papa konnte sie schließlich herausfischen.

In Griechenland litt ich immer unter dem Essen, das mir nicht schmeckte, doch war ich auch zu Hause eine ausgesprochene schlechte Esserin – meine Appetitlosigkeit war Legende, die halbe Nachbarschaft beteiligte sich daran, mich zum Essen zu überreden: »Versuchen Sie es doch mal mit Apfelkuchen«, meinte die Mutter des Jungen, der bei uns im Haus wohnte: »Bei mir hat sie gestern ein halbes Stück davon gegessen.« Die alte Dame aus dem ersten Stock, Frau Griesmaier, die ich manchmal besuchte, schwor dagegen auf Knäckebrot mit Butter: »Das müssen Sie kaufen, davon hat sie letztes Mal bei mir eine ganze Scheibe gegessen.« Also buk Mama Apfelkuchen und kaufte Knäckebrot, aber ich kniff den Mund zu – so richtig gern mochte ich nur Äpfel und Salat.

Mama wälzte Medizinratgeber und mixte Stärkungsmittel, die den Appetit anregen sollten: Cocktails aus rohen Eiern, Honig, frischem Orangensaft und Haferflocken. Wir mussten Rotbäckchensaft trinken und Lebertran. Bei meinem Bruder, der ohnehin gern aß, schlugen die Maßnahmen bestens an. Bei mir nicht. »Machen Sie sich keine Sorgen«, sagte unser Hausarzt, »sie holt sich schon, was sie braucht. Schlanke Kinder sind oft die gesündesten.« Doch Mama war wohl zu sehr Griechin, um meine dürren Beine noch normal finden zu können.

Da entdeckte sie ein neues Mittel in der Apotheke, Multisanostol. Es schmeckte fruchtig und süß, tausend Mal besser als der eklige Lebertran. Und es schien zu wirken: Um mich aufzupäppeln, drückte Mama mir nun zwischen den Mahlzeiten regelmäßig Wurstbrote und Schinkensemmeln in die Hand. Wenn sie etwas später nach mir sah, waren die Brote verschwunden. Yiayia blieb allerdings skeptisch: »Die soll ein ganzes Salamibrot gegessen haben, so schnell – nie im Leben glaube ich das!«

Sie spionierte hinter mir her und erwischte mich, als ich eine unberührte Schinkensemmel hinter der Kinderzimmer-Heizung versenkte – mein Geheimversteck war zu diesem Zeitpunkt schon zu einem Drittel mit trockenen Broten und faulen Bananen gefüllt. »Von wegen Multisanostol«, schnaubte Yiayia und versuchte, mich auf ihre Art zum Essen zu bringen.

Wir buken Kekse, *Fiongakia*, Schleifchen, die nach dem Backen in Zuckersirup getränkt werden. Ich verputzte ein ganzes Blech davon. Und wir machten Popcorn, das war eine echte Kunst: »Sie brauchen Fett, um aufzugehen – aber nicht zu viel Fett, sonst kleben sie auf dem Pfannenboden und verbrennen«, lehrte mich Yiayia. Dazu träufelten Yiayia und ich Öl auf unsere Hände und rieben die Maiskörner durch unsere Finger in die Pfanne. Fast alle gingen auf und poppten munter gegen den Pfannendeckel. »Sie hat eine ganze Schüssel davon gegessen«, verkündete Yiayia dann stolz. »Genug Kalorien für einen halben Tag!«

Yiayia hatte so ihre Geheimnisse – da gab es beispielsweise eine Schublade in der Küche, die durften wir Kinder nie öffnen (darin bewahrte sie die Süßigkeiten für das *poulaki* auf – aber das fand ich erst kurz vor Yiayias Abreise heraus, als ich schon fast in die Schule kam und groß genug war, um die Lade aufzuziehen). Und wenn sie ins Bad ging, drehte sie immer den Schlüssel um. Das fand ich absolut ungewöhnlich – wir anderen sperrten nie ab und liefen ganz selbstverständlich auch mal nackt durch die Wohnung, und wir Kinder durften zu den Eltern in die Badewanne.

Wenn ich dringend aufs Klo musste, ließ sie mich doch ausnahmsweise rein. Und dort passierte das Unerhörte: Yiayia stand am Waschbecken und nahm mit einem beherzten Griff ihre ganzen Zähne (inklusive Zahnfleisch) aus dem Mund und schrubbte sie unter dem Wasserstrahl.

»Mama, Mama – Yiayia hat ihre Zähne aus dem Mund geholt«, rief ich, sobald ich das Bad verlassen hatte.

»Pssst!«, machte Mama.

Am nächsten Tag wollte ich der Sache auf den Grund gehen und behauptete, ich müsse ganz dringend mal, als Yiayia im Bad war. Und tatsächlich: Wieder nahm Yiayia ihre Zähne heraus!

»Papa, die Yiayia holt immer ihre Zähne aus dem Mund!«, berichtete ich dem Papa empört.

»Du täuschst dich sicher!«, sagte Papa.

Einmal war Herr Hiller, der Kompagnon von Papa, wieder im Haus. Ich machte mit ihm Konversation, während Yiayia Mokka kochte und Papa Baupläne herbeiholte.

»Und übrigens«, plapperte ich, »unsere Oma sperrt sich immer im Bad ein und nimmt ihre Zähne aus dem Mund. Aber das glaubt mir keiner.«

»Ich glaube dir«, sagte Herr Hiller.

Der Pappous fühlte sich einsam in Piräus ohne seine Frau. »Männer kommen ohne Frauen nicht gut zurecht«, erklärte mir Yiayia. »Ich hoffe, dass er später mal vor mir stirbt, damit er nicht ganz allein bleiben muss. Ich dagegen komme überall zurecht, trotz der kranken Beine und der kranken Augen.« Nur etwa einmal wöchentlich telefonierte sie mit ihrem Mann – Ferngespräche waren teuer damals, außerdem hatten die Großeltern in der Monemwassias Nummer dreizehn zu jener Zeit noch kein eigenes Telefon: Wenn Yiayia den Pappous sprechen wollte, musste sie bei Frau Evga im Laden an der Ecke anrufen. Frau Evga legte dann erst einmal auf und holte Pappous aus seinem Haus. Dann rief Yiayia noch einmal an und instruierte ihren Mann: »Vergiss nicht Cousine Chariklias Namenstag – sie feiert nächsten Montag. Und gieß die Rosen ab jetzt täglich zwei Mal – es ist doch sicher jetzt sehr heiß zu Hause. Hier regnet es.«

Manchmal machte Pappous auch den Laden zu und kam uns in Deutschland besuchen. Er reiste immer mit einem großen, mit einer Schnur umwickelten Pappkarton, der voll griechischer Leckereien war: Schokolade der Marke »Ion«, Kekse von »Papadopoulos«, *Stragalia*, getrocknete Kichererbsen zum Knabbern, und riesige Tüten mit *Sporia* und *Pasatebos*, über die Mama sich hermachte: Stundenlang saß sie auf dem Sofa und knackte mit den Vorderzähnen die Kernchen auf:

»Sssrecklich – man kann nicht mehr damit aufhören, bis alle weg sind.«

Auf einem Familienfoto stehen Pappous und Yiayia vor einem nebelverhangenen oberbayerischen See (wahrscheinlich dem Tegernsee) in meterhoch verschneiter Landschaft. Yiayia lächelt unter der schwarzen Sonnenbrille. Pappous trägt statt des Strohhutes, den wir vom Sommer kannten, einen schwarzen Borsalino auf der Glatze und blickt verblüfft drein, als könne er den Anblick des vielen Schnees nicht fassen – in Piräus schneite es nur alle Jubeljahre mal ein paar Flocken. Wenn er dann nach ein paar Wochen abreiste, sprach Yiayia ihm Mut zu: »Bald bin ich wieder bei dir – warte nur noch ein kleines bisschen, bis die Kinder nur ein wenig größer sind.«

War der Pappous weg, widmete sie sich wieder voll und ganz uns Enkeln. Dann wurde erst einmal getanzt. »Yiayia liebt es zu tanzen. Das hat sie ihr Leben lang vermisst«, sagte Mama, denn der Pappous war sehr konservativ – Tanz fand er liederlich.

Nur war Yiayia schon zu ungelenkig und schwer, um noch richtig tanzen zu können. Dennoch lehrte sie uns den Bauchtanz, wie er in der Türkei – und auch in Griechenland mancherorts – üblich war: Ihr Bauch bewegte sich dabei allerdings kein bisschen, sie stand nur auf ihren Füßen und drehte ein wenig den Oberkörper. Die Hände hatte sie erhoben und schnalzte leise mit den Fingern, dazu sang sie ein eintöniges Liedchen, und wir Kinder hüpften und drehten uns und sangen mit: »Ding dingi ding ding ding dingi ding.«

Es klingt wie ein Gemeinplatz, wenn ich sage, dass Yiayia ihre Zeit in Deutschland nie vergaß, doch ist es wirklich wahr – sie konnte sich später noch an jedes Detail erinnern: »Siebenundzwanzig Stufen sind es bis zu euch in den dritten Stock – in jedem Stockwerk sieben, nur von unten in den ersten Stock hinauf sind es sechs, nicht wahr?«, sagte sie, wenn wir sie in

Piräus besuchten, oder: »*Gala* heißt Mielch, *psomi* heißt Brrott, *glifitzuri* heißt Lutscha, *pagoto* heißt Aaais, stimmt's?«, und wir nickten. »Und wenn du zu Hause in *Monacho* Popcorn machst, denk daran, was ich dir beigebracht habe: Nicht zu viel Fett! Und nimm am besten eure schwere Pfanne mit dem roten Blechdeckel, sie steht immer in dem Schrank links neben dem Herd, ganz unten.«

Annoula und die Emanzipation

Die kleine Eckkneipe war pistaziengrün gestrichen und leuchtete selbst im diffusen Licht der untergehenden Abendsonne. Die Tische, die außen an der Wand entlang aufgereiht standen, waren frei bis auf einen am Eingang, an dem ein unrasierter Alter in Arbeiterhosen und Gummischlappen hockte und das *komboloi* durch die Hand gleiten ließ.

»Das da vorne ist es«, sagte Anna. »Siehst du das Schild?«

»*Kaaafennnion, Kafenion*«, buchstabierte ich mit der Langsamkeit einer Erstklässlerin – immer noch fiel es mir schwer, griechische Buchstaben zu entziffern, obwohl Anna mir zum Üben regelmäßig griechische Comics nach München schickte.

»*Och*«, machte Anna und hob mit beiden Händen ihre dunkelbraune Lockenmähne hoch, um ihrem Nacken ein wenig Kühlung zu verschaffen. »*Oooch*, was für eine Hitze.«

Es war dies kein deutsches, munteres »*Och*«, sondern das lang gezogene, leidende »*Oooch*«, mit dem griechische Frauen über Sommerschwüle, Rückenschmerzen und sonstiges Ungemach stöhnten – und das taten sie oft: Leidensbekundungen waren fester Bestandteil der Konversation erwachsener Griechinnen. Seit Anna dreizehn war und beschlossen hatte, nun endgültig erwachsen zu sein – also seit diesem Sommer –, gehörte »*Och*« zu ihrem Vokabular.

»Und was machen wir, wenn sie uns nicht reinlassen?«, fragte ich.

»Dann sagen wir, wir müssen auf die Toilette«, antwortete Anna und hielt ihre Haarpracht noch höher.

»Och!« Der Gedanke an ein griechisches Gaststättenklo ließ nun auch mich aufstöhnen – zu jener Zeit waren Toiletten in Griechenland kein Ort, an dem man sich ohne Not aufhalten mochte. »Ich weiß nicht, ob ich Lust habe, ausgerechnet hier auf die Toilette zu gehen. Vielleicht gibt es nur ein Herrenklo …«

»*Vevea*, sicher!«, sagte Anna im Brustton der Überzeugung. »Wozu sollten sie ein Damenklo haben, wo Frauen im Kafenion doch verboten sind?«

Das Kafenion war ein Ort, an dem Männer unter sich waren, gemeinsam Kaffee und Ouzo tranken, feierten, Spaß hatten. Nicht alle Männer. Pappous besuchte nie ein Kafenion, er fand, das sei nur etwas für Trinker und leichtlebige Gesellen. Meine Onkel waren auch nie im Kafenion anzutreffen, weil diese tradierte Männerbastion nicht ihren modernen Ansprüchen gerecht wurde – sie gingen lieber in Begleitung ihrer Frauen aus, in Restaurants, Bars oder zum Tanzen. Doch noch immer gab es vereinzelte Kafenia in Piräus und Athen, diese für Männer exklusiven Einrichtungen, und wir waren dabei, sie zu stürmen und unser Recht auf einen Kafenionbesuch einzufordern.

Wer von uns beiden zuerst die Idee hatte, wusste keiner mehr zu sagen – das war auch ganz egal. Wir hatten ja *ena mialo*, einen Kopf sozusagen – zumindest behaupteten Mama und Tante Matina das immer von uns. Es waren die Siebzigerjahre, wir waren zwar noch sehr jung, doch absolut infiziert mit den Idealen der Emanzipationsbewegung. Frauen gingen weltweit auf die Straße und demonstrierten gegen Unterdrückung, schlechtere Bezahlung, Chauvinismus, Chancenungleichheit. In den USA verbrannten sie ihre BHs auf offener Straße, das hatten wir in den Nachrichten gesehen (so weit wären wir nicht gegangen – wir waren ja froh, überhaupt endlich einen BH zu besitzen!). In unserer Familie machten Frauen zwar nicht gerade einen unterdrückten Eindruck – sie hatten Uni-Abschlüsse und verdienten zum Teil mehr als ihre Männer –, doch ansonsten stand es mit der Gleichberechtigung nicht überall zum Besten, besonders in Griechenland, wie ich fand. Es gab sogar Familien, in denen die Mädchen ihre Brüder bedienen mussten. Ich hatte es mit eigenen Augen gesehen, bei Freunden von Mama, wo der vierzehnjährige Kostakis von seiner zwölfjährigen Schwester forderte: »Sophia, bring mir eine Cola aus der Küche.« Anna hatte kummervoll und wissend zu meinem Bericht genickt. »Diese Dinge müssen sich ändern! Wir Frauen dürfen uns das nicht mehr bieten lassen«, hatte sie gesagt, mit einer Verve, als spräche sie nicht nur zu mir, sondern vor einem Publikum von tausenden ihr zujubelnden Geschlechtsgenossinnen.

Komisch nur, dass Frauen noch nicht auf die Idee gekommen waren, sich in den Kafenia breitzumachen. Doch nun kamen wir, entschlossen bis zum Äußersten, um uns Zugang zu verschaffen – selbst wenn wir dazu aufs Herrenklo mussten.

»Aber vielleicht müssen wir gar nicht. Wir könnten doch einfach sagen, wir wollen ein Glas Wasser«, sagte ich.

»Gute Idee!«, meinte Anna. »Ein Glas Wasser werden sie uns nicht verweigern können. Bei dieser Hitze!«

»Und wenn doch?! Wenn sie uns einfach rauswerfen?«, gab ich zu bedenken.

»*Plaka tha'che*, wäre doch witzig!«, meinte Anna unternehmungslustig und ließ ihre Haare wieder herunter. Letztlich war es genau das, was wir wollten: einen Skandal!

Also klackerten wir weiter Richtung Kafenion, ich auf meinen ziemlich hohen, Anna auf ihren ein bisschen hohen Sandalen (Tante Matina als Ärztin hielt nichts von Absätzen für Mädchen, deren Körper noch im Wachstum begriffen war). Klackerten, entschlossen unsere Handtäschchen schwingend, erhobenen Hauptes die zwei Stufen hoch und mitten hinein ins Kafenion.

Irgendwie hatte ich geheimnisvolle Dunkelheit erwartet, laute Musik und unzählige Männer, die uns den Eintritt verweigern würden und denen wir frech ins Gesicht lachen könnten. Stattdessen standen wir in einem fast leeren Raum, dessen grelles Neonlicht preisgab, dass das Lokal schon bessere Zeiten gesehen hatte: Ein paar der Kacheln auf dem Boden waren bereits zerbrochen, die Bilder an den Wänden – fotografierte Inselszenen – so ausgeblichen, dass sie kaum zu erkennen waren. Fliegen schwirrten durch die Luft und ließen sich an den klebrigen Tischen nieder. Die einzigen Gäste, zwei alte Herren, spielten *tavli*, Backgammon. Sie blickten nicht einmal auf.

Am Tresen stand ein ebenfalls ziemlich alter Mann und blätterte in einer Tageszeitung.

»Könnten Sie uns Wasser geben? Wir sind am Verdursten!«, sagte Anna, und ihre Stimme hallte in dem hohen Raum.

Der Alte drehte sich umstandslos zum Gläserregal um, holte dann eine eisklirrende Wasserkaraffe aus dem Kühlschrank, füllte die Gläser und stellte sie uns auf den Tresen: »*Oriste, koritzia*, bitteschön, Mädels.« Dann blätterte er weiter in der Zeitung. Wir tranken stumm, in großen Schlucken.

»*Alo ena nero, parakalo*, noch ein Wasser, bitte«, forderte ich.

Der Alte holte wieder die Karaffe, schenkte nach. Wir tranken. Die Greise in der Ecke spielten *tavli*.

»*Efcharisto*, danke«, sagte Anna schließlich. Wir drehten uns um und trabten wieder hinaus, die Straße entlang, zu Yiayias Haus. Jetzt war es dunkel. Annas Gesicht war im Schatten ihrer Locken nicht zu erkennen. Wir sprachen kein Wort. Die Sandalen klackerten.

Der Lachanfall kam wie eine Tsunamiwelle aus meinem Bauch, zuerst war es nur ein Kichern, dann ein Prusten, dann brach es auch aus Anna heraus, schließlich brüllten wir vor Lachen und hielten uns die Bäuche.

»Immerhin waren wir drinnen«, sagte Anna schließlich und wischte sich die Augen. »Wir waren sicher die allerersten Frauen, die je einen Fuß in dieses Kafenion gesetzt haben.«

»Und wahrscheinlich auch die letzten«, sagte ich.

»Ja«, sagte Anna, und brachte den restlichen Satz fast nicht mehr zu Ende, weil sie schon wieder von Lachkrämpfen geschüttelt wurde: »Ja, weil: Welche vernünftige Frau will schon freiwillig ihre Zeit in diesem armseligen Kafenion verbringen!«

Zu Hause bei Yiayia beim Abendessen mussten wir uns nur ansehen, schon prusteten wir wieder los. »Worüber lacht ihr Mädchen denn?«, fragte Mama.

»Du glaubst doch nicht im Ernst, dass sie dir das verraten werden«, sagte Tante Matina, und sie hatte Recht – das taten wir grundsätzlich nie.

Damals waren Anna und ich bereits ein ziemlich gut eingespieltes Team, unsere Freundschaft dauerte ja schon dreizehn lange Jahre an – hatte sie doch bereits ein paar Tage nach Annas Geburt begonnen.

Es war bei meiner ersten Reise nach Griechenland, erinnern kann ich mich daran allerdings kaum – glücklicherweise, denn sie muss für mich eine Art Horrortrip gewesen sein, und das, obwohl wir dieses Mal nicht mit dem Wagen, sondern mit der Lufthansa anreisten: Mama hatte irgendwelchen dringenden Behördenkram in Athen zu erledigen, Papa hatte zu Hause zu tun, mein Bruder war noch nicht geboren. Kurz vor der Fahrt zum Flughafen blieb ich einen Moment lang unbeaufsichtigt im Zimmer, ich nutzte ihn, um mir den Kopf ausgiebig mit Penatencreme einzuschmieren. Worauf Mama, die die weiße Schmiere nicht herunterbekam, mir kurzerhand die Locken abschnitt. Vor Empörung brüllte ich den Münchner

Flughafen zusammen, das Reiseziel erreichte ich dann fast ein wenig traumatisiert von dem Kahlschlag auf meinem Kopf. Die Verwandtschaft, die von mir nur Fotos mit süßen Locken kannte, lernte mich mit fettverklebtem Kurzhaarschnitt kennen.

Im Haus von Yiayia und Pappous wurde ich dann ständig von allen laut ausgeschimpft, außerdem stritt jeder mit jedem – alle schrien sich ständig gegenseitig an. So zumindest deutete ich die Geräuschkulisse, denn ich war an wesentlich leisere Gespräche, wie sie in Deutschland geführt wurden, gewöhnt. Wenn dann auch noch Onkel Giorgos mit der dröhnenden Stimme auftauchte, fing ich an, selbst gellend zu schreien, vor Schreck. Außerdem wollten alle mich drücken und schmatzend abküssen, ich aber befand mich in meiner Fremdelphase und hielt gern Abstand. Die lärmenden Verwandten machten mir eine derartige Angst, dass ich Mama nicht von der Seite wich und sie bis ins Badezimmer verfolgte. All das weiß ich aber nur aus Erzählungen – ich war erst knapp eineinhalb Jahre alt.

Ich selbst erinnere mich nur an ein Ereignis, es ist meine früheste Kindheitserinnerung: Eines Abends saß ich, wie immer, bei Mama in der Halle, und am anderen Ende des Raumes saß Tante Matina mit ihrem neugeborenen Baby.

»Komm, *Stelitza*, komm und schau dir die *beba* an«, lockte sie, und schließlich stand ich tatsächlich auf, durchmaß den langen Raum und baute mich vor der *beba* auf, die einmal meine Cousine Anna werden sollte (auch das war damals für mich nicht zu ahnen, denn griechische Säuglinge werden erst nach der Taufe mit ihrem Namen angesprochen – davor nennt man sie die *beba*, oder, wenn es Jungen sind, den *bebis*). Friedlich schlafend lag die Kleine in den Armen der Tante. Ich verliebte mich richtig in sie und durfte ihr das Köpfchen streicheln. Sie wirkte wie ein kleiner Engel.

Dass Annas Naturell das glatte Gegenteil von diesem ersten Eindruck war, dokumentiert unser erstes gemeinsames Foto: Wir sitzen auf einer Spieldecke in Annas Zimmer, und auf den ersten Blick sieht es so aus, als würden wir uns umarmen. Bei genauerem Hinsehen wird deutlich, dass Anna mich gerade mit ihren speckigen Händchen würgen will, und dass ich sie mir mit ausgestreckten Armen vom Leib zu halten versuche.

Später dachte sie sich ein Spiel aus, das sie bei sich höchstwahrscheinlich »Cousine tyrannisieren« nannte: »*Ela,* lass uns Puppen spielen, du kannst Katherina nehmen«, sagte Anna. Katherina war ihre schönste Puppe, die mit den langen, goldenen Locken. Wenn ich aber nach Katherina greifen wollte, riss sie sie im letzten Moment ganz schnell weg und lachte sich kaputt. Spätestens nach dem dritten Mal fiel ich nicht mehr darauf herein und weigerte mich mitzuspielen. »War doch nur Spaß«, sagte Anna dann. »Nächstes Mal nehme ich die Puppe nicht. Ich schwöre!«

Schließlich fasste ich wieder Vertrauen und näherte mich der Puppe, doch kurz bevor ich sie fassen konnte, riss Anna sie erneut an sich und wollte sich ausschütten vor Lachen. Meiner eigenen Puppe schmierte sie mit Filzstift den Bauch rot, sie zerknüllte die Bilder, die ich gemalt hatte, und zog mich an den Haaren.

Ich war als Kleinkind brav und recht vernünftig, darum verzieh ich ihr immer wieder, denn Anna war ja jünger als ich. Nur so ist es zu erklären, dass wir, als Annas Temperament im Laufe der Zeit etwas abkühlte, zusammenwuchsen.

Weil wir ein ganzes Jahr getrennt waren, steckten wir im Sommer oft ohne Unterbrechung zusammen – wir hatten Nachholbedarf. Mama packte mir eine große Tasche, und ich zog tagelang zu Anna. In ihrem Kinderzimmer hatte sie ihren eigenen, knallroten Plattenspieler, der bei meinen Besuchen auf Dauerrotation lief: Wir hörten *Bouzoukia,* das Lied von den kleinen Krebsen, die von ihrer amüsiersüchtigen Krebsmutter im Stich gelassen werden, oder den Schlager *Maria me ta kitrina*. Da ging es um eine schöne, gelb gekleidete Maria, die sich nicht zwischen ihrem Mann und dem Nachbarn entscheiden konnte. Unser Lieblingslied aber war *Trelokoritzo* – Verrücktes Mädchen. Das war die griechische Version eines US-Hits (*Simon Says* der 60er-Jahre-Band *1910 Fruitgum Company*), aber das wussten wir natürlich nicht. Wir tanzten mit viel Pogewackel und schmetterten *Trellokorizoooh, tatataaah!* und hielten uns selbst für verrückte Mädchen.

In dem Haus, in dem Anna mit ihren Eltern wohnte, lebten im Untergeschoss auch Annas Großeltern und ihre unverheiratete Tante Youla. Die Attraktion des Hauses war der Hühnerstall: Obwohl es mitten in der Stadt stand – es war ein sehr schönes, weitläufiges Stadthaus mit Marmortreppen und dunklem Parkett –, hielten Annas Großeltern ihre eigenen Hühner in einem Gitterverschlag auf dem Dach. Wir liebten den Hühnerstall. Stundenlang spielten wir auf dem Dach Bäuerinnen. Wir standen zwischen den weißen Hennen im Dreck, schrien »puttputtputt« und warfen Körner. Die Hühner ignorierten uns – sie waren schon in aller Frühe von Annas Großvater gefüttert worden –, doch darum ging es uns nicht so sehr. Manchmal halfen wir Annas Yiayia, die Eier einzusammeln. Zum Frühstück gab es in Annas Haus frisch gelegte weich gekochte Eier.

Die zweite Attraktion war das Meer – wir mussten nur unsere Bikinis und unsere Gummisandalen anziehen, über den Bauch stülpten wir aufblasbare Schwimmringe. Tante Youla nahm uns an den Händen, und es ging los, über die Straße, die Steilküste hinunter direkt ins Wasser.

Wenn Tante Youla bald darauf nach uns rief – es gab, natürlich, *psomi ke tiri* –, machte Anna einfach nur »tu« und paddelte mit den Ärmchen, damit ihr Schwimmring sich drehte und sie die Tante im Rücken hatte.

»*Tu*« ist eine griechische Verneinung: Man wirft dabei den Kopf nach hinten und schnalzt mit der Zunge am Gaumen. Bei Anna war es eine Geste, die keinen Widerspruch duldete: »*Tu*« war Annas letztes Wort auf Forderungen oder Bitten der Erwachsenen, denen sie keinesfalls nachkommen wollte. Mit den Jahren wurde Annas »*Tu*« immer bestimmter und der Augenaufschlag dabei gelangweilter und genervter.

Emanzipation war damals bereits unser ganzer Lebensinhalt – auch als wir von dem Wort noch nie etwas gehört hatten. Uns ging es dabei weniger um die Befreiung aus der Frauenrolle als um die von der Elternmacht. Die Erwachsenen nervten, wir sahen gar nicht ein, dass sie uns herumkommandieren durften – das war unser Lieblingsthema, als wir ein wenig älter waren. Wenn wir mit der Familie bei Yiayia saßen, hockten wir immer nebeneinander und tuschelten die ganze Zeit hinter vorgehaltenen Händen über die Großen: »Gleich fängt der Pappous wieder mit den Türkenkriegen an, ich kann es schon nicht mehr hören«, lästerte etwa Anna.

»Vorher zwingt er uns aber noch, Feigen zu essen, wart's ab«, flüsterte ich zurück.

»*The mou*, mein Gott, ja!«, sagte Anna. »Und heute ist Tante Meri nicht da, um uns davor zu retten!«

»Aber die isst die Feigen ja auch nur, um sich beliebt zu machen«, sagte ich.

»*Akrivos*, genau!«, kicherte Anna.

»Annoula«, sagte Tante Matina dann. »Leg dir dein Jäckchen über die Schultern, du sitzt im Zug.«

»*Tu*«, machte Anna.

»Annoula, sofort, du wirst sonst krank!«, sagte Matina, die in Wahrheit – ich wusste das, denn ich war ja oft bei Anna im

Haus – keineswegs so liberal erzog, wie sie immer behauptete. Trotzdem biss sie bei Anna meist auf Granit.

»*Tu!!!*«, machte Anna und kniff die Augen zu Schlitzen zusammen.

»Jäckchen, *bourdes*, Quatsch! Sie hat doch selbst kein Jäckchen an!«, wisperte sie dann.

»Die glauben, sie können uns wie Babys behandeln, aber da haben sie sich geirrt«, raunte ich zurück.

»*Akrivos!*«, sagte Anna.

»Was tuscheln sie denn nun wieder«, fragte Mama dann manchmal.

»Die reden über uns, merkst du das nicht?«, antwortete Michalis amüsiert und lächelte sein breites Zahnlückenlächeln. Dann kniff er uns in die Wangen: »*Re psaria!*«, sagte er, was so viel wie »Na, ihr Fische!« heißen sollte und seine ganz spezielle Koseform für uns beide war. »Wenn ihr wollt, machen wir drei morgen einen Ausflug! Gleich in der Früh, wenn es noch nicht so heiß ist.«

Ausflüge mit Michalis bedeuteten immer: Besichtigungen. Wir hatten sicherlich ausnahmslos alle Ausgrabungsstätten im Umkreis von hundert Kilometern abgeklappert – es gab viele, und ständig kamen neue hinzu: »Jeder Quadratmeter hier ist voll mit Kunstschätzen, man muss nur danach graben«, schwärmte der Onkel immer (wie Recht er hatte, zeigte sich dann beispielsweise 2004, als allein bei den Bauarbeiten an der U-Bahn der Inhalt für ein ganzes Museum zutage gefördert wurde). Besonders mochten wir die Amphitheater, wie etwa das Herodion in Athen, wo wir die Akustik mit lauten »Hallloooo«-Rufen testeten.

Wir begleiteten Onkel Michalis gern – er nahm uns wenigstens ernst. Stundenlang konnte er sich darüber auslassen, wie genial die alten Griechen gewesen waren. »Und warum waren sie schon so fortgeschritten?«, fragte er uns ab.

»Wegen der guten klimatischen Voraussetzungen!«, antwortete Anna stolz – sie war Streberin und Klassenbeste und liebte es, mit ihrem Wissen zu glänzen.

»Genau. Die alten Griechen mussten sich nicht mit Dürreperioden, Hochwasser oder Hungersnöten plagen. Deswegen konnten sie ihre Energie ganz auf Wissenschaft, Kunst und Philosophie konzentrieren.« Dann fuhr seine Hand ehrfürchtig über ein Marmorrelief oder den Sockelschwung einer Säule. »Herrlich, was die menschliche Intelligenz zustande bringt!«

Die griechische Hochkultur allerdings sei Ausdruck eines freien Geistes gewesen, Unterdrückung schaffe keinerlei Entwicklung, dozierte Michalis. »Daraus können auch wir lernen. Der Mensch muss sich frei entfalten können. Jeder weiß selbst, was für ihn das Beste ist. Nehmt mich: Eure Yiayia und der Pappous waren liebevolle Eltern, die das Beste für mich wollten. Und sie dachten, das Beste für mich wäre, wenn ich einmal das Geschäft von Pappous übernehmen würde. Ich aber war da ganz anderer Meinung. Ab einem bestimmten Alter darf man nicht auf seine Eltern hören, sondern nur auf sich selbst! Jeder muss seine eigenen Entscheidungen fällen, merkt euch das, Kinder.« Wir hingen an seinen Lippen, und es ist nur erstaunlich, dass der Onkel – viele Jahre später – gar nicht verstehen konnte, warum Anna nicht seine oder Tante Matinas Praxis übernehmen wollte, sondern Maschinenbau studierte. Aber sie folgte eben ihrem eigenen Kopf, und der interessierte sich für Flugzeuge, nicht für Zähne oder Laborbefunde.

In jedem Fall stachelten uns Michalis' Vorträge nur weiter zum Widerstand gegen die Elternmacht an, und so gründeten wir schließlich, als wir etwa acht und neun Jahre alt waren, eine Liga gegen die Erwachsenen, deren einzige Mitglieder wir beide waren. Wir hockten in Yiayias *avli* und erzählten uns von unseren Erfolgen bei der Durchsetzung eigner Ziele, die darin bestanden, Elternanweisungen zu umgehen.

»Seit letzter Woche weigere ich mich Mittagsschlaf zu machen«, prahlte etwa Anna. »Und wenn sie sich alle auf den Kopf stellen.«

»Ich verstehe sowieso nicht, warum du das so lange mit dir hast machen lassen – ich habe noch nie mittags geschlafen. Und ich ziehe auch keinen Hut mehr auf in der Sonne.«

»Das mit den Hüten ist sowieso lächerlich. Als ob unsere Eltern jemals Hüte aufziehen würden! Den braucht nur Pappous, wegen der Glatze. Und Babys.«

»Und wir lassen uns nicht mehr wie Babys behandeln.«

»*Akrivos!*«

Deshalb wollten wir jetzt in die Stadt fahren – allein!

In der Nachbarschaft der Monemwassias waren wir schon lange allein unterwegs – wir kauften Süßigkeiten bei *Evga*, schauten bei einem *pantopolio*, Krämerladen, vorbei, wo es Lippenbalsam gab und bunte Garne für unsere Kreuzstichbilder, denen wir uns in jener Zeit widmeten. Wir gingen zur Kirche und zündeten Kerzen an oder besuchten die *pediki chara*. Alles ohne Hut auf dem Kopf. Jetzt wollten wir aber in die Innenstadt und die Kleiderläden abklappern – wir nervten die Erwachsenen so lange, bis sie es erlaubten.

Wir verabredeten uns telefonisch am *Dimotiko Theatro*, dem Volkstheater in Piräus, und mir klopfte das Herz wie rasend auf dem Weg vom Busbahnhof am Hafen den Weg hinauf, denn wirklich gut kannte ich mich nicht aus – ich war nicht einmal sicher, ob dies die richtige Straße war. Aber dann sah ich Anna schon von weitem im Schatten der Säulenhalle stehen und beruhigte mich.

Wir taten dann so, als wären wir es gewohnt, tagtäglich wie die Erwachsenen durch die Stadt zu bummeln, und probierten Sommerkleider in einem Geschäft oberhalb des Theaters an. Dann bestellten wir uns eine Cola in einem *zacharoplastio* auf der Platia Korai. Als die gebracht wurde, warf urplötzlich Onkel Michalis sein Herrenhandtäschchen dazu auf den Tisch und setzte sich gut gelaunt neben uns: »Darf ich die *thespinides*, Fräulein, zu einem Eis einladen?«

»*Tu*«, machte Anna beleidigt und sprach den ganzen Tag nicht mehr mit ihm. Onkel Michalis, der seine Praxis in der Nähe hatte, war uns nämlich heimlich gefolgt und hatte uns beobachtet, um sicherzugehen, dass wir uns auch nicht verliefen.

Immerhin berichtete er daraufhin, dass wir uns absolut selbstständig und sicher in der Stadt bewegten, deshalb durften wir von nun an häufiger allein los. Sogar abends:

Am Pasalimani hatte die erste Pizzeria von ganz Piräus eröffnet, folglich war diese zu jener Zeit ein Ort, den man aufsuchen musste – heute hätte man das Lokal einen »In-Italiener« genannt. Onkel Michalis reservierte uns zwei Plätze, und nach dem Essen, so war es vereinbart, sollten wir uns ein Taxi nehmen und zu Anna nach Hause fahren. Wir fühlten uns extrem erwachsen.

In Griechenland sind Kinder zwar den ganzen Abend über auf den Beinen (weil sie ja mittags schlafen müssen), doch kommt es kaum vor, dass Acht- und Neunjährige alleine ein Restaurant besuchen. Der Kellner allerdings fand unseren Ausflug wohl witzig und hofierte uns, als wären wir junge Damen. Nach dem Essen setzte er sich zu uns an den Tisch und machte Konversation. »Ihr seid sicher beste Freundinnen. Kennt ihr euch aus der Schule?«, fragte er.

»Nein, wir sind Cousinen. Ersten Grades.«

»Komisch, ihr seht euch gar nicht ähnlich. Nicht das kleinste bisschen.«

Er hatte Recht; bis auf die Tatsache, dass wir beide Locken auf dem Kopf trugen – meine etwas heller als Annas –, gab es keine Familienähnlichkeit: Anna hatte empfindliche, weiße Haut, die sich in der Sonne rosa verfärbte – ich hatte einen bräunlichen Teint und bekam nie einen Sonnenbrand. Sie war ein wenig rundlich – ich spindeldürr. Anna war gut in der Schule, ich grottenschlecht. Anna liebte Mathe, ich mochte als einziges Fach in der Schule den Deutschunterricht.

Wir wuchsen auch vollkommen unterschiedlich auf: Ich besuchte den Ballettunterricht und das Kunstturnen, erkletterte jeden Baum in der Umgebung und übte den ganzen Tag Handstand Überschlag auf der Rasenfläche vor unserem Haus. Wir lebten in München am Stadtrand und verbrachten viel Zeit in den angrenzenden Kiesgruben und auf den Schafswiesen, fischten Kaulquappen aus Pfützen, machten Lagerfeuer und bauten Baumhäuser. Meine Knie waren die ganze Kindheit hindurch blutverkrustet, von den vielen Fahrradstürzen.

Anna besaß, soweit ich mich erinnern kann, gar kein Rad. Radfahren wäre im Verkehr von Piräus ohnehin lebensgefährlich gewesen. Sie trieb auch keinen Sport und kletterte nie auf Bäume. Ihre Knie wiesen keinerlei Kratzer auf – als griechisches Kind durfte sie ja nie rennen. Sie bastelte und malte viel und liebte es, für die Schule zu lernen. Trotz der Unterschiede waren wir unzertrennlich. »Die beiden sind wie *vraka ke kolos*, wie Hose und Hintern«, meinte Yiayia immer – so sagt man in Griechenland, wenn zwei zusammengehören.

Eine Gemeinsamkeit hatten wir aber doch: den unbedingten Drang, nur dem eigenen Kopf zu folgen. Aus Elternsicht könnte man sagen, wir übten einen schlechten Einfluss aufeinander aus – sie auf mich und ich auf sie.

Es war der (auch in München außergewöhnlich heiße) Sommer 1976, der kurz vor meinem dreizehnten Geburtstag offensichtlich einen verfrühten Hormonschub bei mir auslöste.

Als ich in jenem Sommer Yiayias Haus betrat, in meiner seit Wochen typischen Montur (hellblauer Lidschatten, knallrote Fingernägel, zum Knie hochgekrempelte Levis Jeans, die den Blick auf rote Bastplateauschuhe freigaben), erstarrte die Verwandtschaft. Pappous brachte den Mund nicht mehr zu, Tante Meri, die der Yiayia gerade Limonade servieren half, wäre das Tablett fast aus den Händen geglitten.

»*Oooch, ti pathame,* auch das noch!«, seufzte Tante Matina, die sofort überblickte, welche Wirkung mein Hormonschub auf ihre Tochter haben würde.

Anna sagte wieder nur »*ela*, komm«, diesmal aber zog sie mich besonders schnell in die *avli*, um mit mir die Ereignisse des vergangenen Jahres durchzuhecheln: Wie ich beschlossen hatte, meine braven Zöpfe zu lösen. Wie ich Mama wochenlang bearbeitet hatte, mir die hohen Bastschuhe zu kaufen. Wie ich mich so lange in der Nähe der Tischtennisplatten nahe unseres Spielplatzes herumtrieb, wo die Jugendlichen mit ihren Mopeds und Kleinkrafträdern herumzuhängen pflegten, bis sie mich ansprachen und ich fester Bestandteil der ansässigen Teenieclique sein durfte – als jüngstes Mitglied. Und so weiter.

Anna lauschte aufgeregt, schließlich glitt ein spitzbübisches Lächeln über ihr Gesicht: Das war der Moment, in dem auch ihr klar wurde, dass Frühreife ein gutes Mittel sein konnte, der Erziehungsmacht der Eltern zu entkommen – oder sie zumindest auf eine harte Probe zu stellen. Noch am selben Abend begann sie mit einer Diät gegen ihren Babyspeck.

»Annoula, willst du nichts anderes essen als das bisschen Käse und die paar Gurken?«, fragte Tante Matina.

»*Tu*«, machte meine Cousine. »Ich nehme jetzt ab.«

»Anna! Du bist elf Jahre alt! Du musst mehr essen!«, sagte Matina.

»*Tu!!!!*«, machte Anna.

Da blickte Tante Matina zwischen ihrer Tochter und mir hin und her und schüttelte halb verärgert, halb belustigt den

Kopf. »Ihr zwei! Das ganze Jahr über seht ihr euch nicht. Und dann ist es plötzlich, als wärt ihr keine Sekunde getrennt gewesen.«

»*Vraka ke kolos*«, nickte Yiayia. »Ich sag's ja immer: *vraka ke kolos.*«

Wir verdrehten die Augen und taten, als ginge uns das Gerede der Großen nichts an. Unter dem Tisch aber fassten wir uns an den Händen und drückten ganz fest zu, bis unsere Hände heiß waren.

Orthodoxe Bekenntnisse

Als ich zur Schule kam, störte mich, dass bei mir nicht alles so war wie bei den anderen aus meiner Klasse: Ich durfte den katholischen Religionsunterricht nicht besuchen und musste früher nach Hause (Ethikunterricht war zu jener Zeit noch nicht etabliert).

Kinder fallen bekanntlich nicht gern aus der Reihe, sie wollen in der schützenden Gruppe der Altersgenossen aufgehen. Dass ich meinen Ranzen zweimal pro Woche eine Schulstunde früher als die anderen packte, war allerdings für meine Mitschüler kaum zu übersehen. Ganz allein schlenderte ich den kleinen Weg entlang des Schulgebäudes zu unserer Siedlung. Wäre ich älter gewesen – ich hätte mich gefreut. Nicht aber als Erstklässlerin: Ich fühlte mich wie eine Ausgestoßene. Alles nur, weil dort, wo auf der Klassenliste hinter den Namen der anderen Kinder die Abkürzung »kath.« stand, bei mir das Kürzel »gr.orth.«, für griechisch-orthodox, angegeben war. Ich wusste nicht mal so recht, was es bedeutete.

Unsere direkte griechische Verwandtschaft war alles andere als tiefgläubig. Zwar entzündete Pappous in seinem Haus an Feiertagen mitunter Öllichter vor einem Madonnenbild, manchmal schaltete er auch während der Übertragung einer Messe das Radio an, so dass die salbungsvollen Gesänge der Popen durch das Haus klangen. Die Kirche besuchte meine griechische Familie aber nur bei Hochzeiten und Taufen. Und niemand von uns bekreuzigte sich bei Busfahrten, wie es (nach wie vor) viele der Fahrgäste in Griechenland tun – nicht etwa, um den Herrgott wegen des verwegenen Fahrstils der Busfahrer um Schutz zu bitten, sondern weil Kirchen passiert werden. Da das Athener Streckennetz von vielen Kirchen und Kapellen gesäumt wird und eine orthodoxe Bekreuzigung nicht nur ein, sondern drei Kreuzzeichen hintereinander beinhaltet, müssen diese Fahrgäste oft pausenlos nach allen Richtungen ihr Kreuz schlagen. Ich aber wusste noch nicht einmal, ob das orthodoxe Kreuz von links nach rechts oder umgekehrt angedeutet wird – vom katholischen ganz zu schweigen: Papa, der katholisch getauft war, war nämlich aus steuerlichen Gründen aus der Kirche ausgetreten.

Dass mein Bruder und ich überhaupt getauft wurden, lag an einem Versprechen, das meine Eltern dem Popen bei ihrer Hochzeit geben mussten: Zur damaligen Zeit gab es in Griechenland noch keine standesamtliche Trauung, meine Eltern aber wollten unbedingt bei der südländischen Verwandtschaft heiraten. Dafür, dass er einen Katholiken kirchlich trauen sollte, forderte der Pope allerdings, dass wenigstens die künftigen Kinder des Brautpaars den orthodoxen Glauben annehmen sollten. Meinem Vater war das recht – in der griechisch-orthodoxen Kirche gibt es keine Kirchensteuer.

Abgesehen von den steuerlichen Aspekten interessierte er sich nicht weiter für Religion, meine Mutter aber sehr wohl: Sie war dagegen, und zwar mit Inbrunst. Mama pflegte die Attitüde einer bekennenden Atheistin. Zwar kritisierte sie nicht das Christentum an sich – im Gegenteil, sie hielt es für erhaben vor allen anderen Glaubensrichtungen. Allerdings nur als Theorie, denn gläubig war sie nicht. Die Kirche allerdings – jede Kirche – fand vor Mamas Augen keine Gnade. Ihr Lieblingsthema waren die Verbrechen der Kirche während der Kreuzzüge. Besonders gern diskutierte sie darüber mit Geistlichen, die ihr fundiert Paroli bieten konnten, das würzte das Gespräch. Mit waschechten Theologen über Glaubensfragen zu streiten war eine der Lieblingsbeschäftigungen meiner Mutter.

Als ich nun ein paar Mal weinend von der Schule nach Hause gekommen war, machte sie sich zurecht und besuchte den Gemeindepfarrer, der an unserer Schule den Religionsunterricht abhielt. Sie wirkte, als würde sie auf eine Party gehen, euphorisiert von der Aussicht auf ein spannendes Streitgespräch.

Der Pfarrer war jung und modern, meine Mama jung, hübsch und gebildet, und so verbrachten sie viele Stunden in angeregter Diskussion. »Ein rrrrreizender Mann«, schwärmte Mama, als sie zurückkehrte.

»Und was sagt er? Darf die Kleine nun in den Religionsunterricht?«, fragte Papa gespannt.

»Natürrrrlich! Er versteht, dass ein Kind nicht unglücklich sein soll, nur weil es anders getauft ist. Sie darf in den Unterricht, wenn ihr sonst das Chärz bricht!«, sagte Mama und fühlte sich als Gewinnerin.

Das nächste Mal brach mir im darauf folgenden Jahr das Herz, als alle anderen Mädchen mit ihren Müttern in die Innenstadt gingen, um sich weiße Kleider für die Erstkommunion auszusuchen. »Du willst auch eine katholische Kommunion?«, fragte Mama. »Du sollst eine Kommunion haben!« Also verbrachte sie wieder angeregte Stunden bei dem netten jungen Pfarrer, und ich durfte zur Erstkommunion.

Womit Mama nicht gerechnet hatte, war, dass ich die katholische Gemeindekirche nach der Erstkommunion weiter besuchen würde – und zwar jeden Sonntag. Ich stellte mir extra den Wecker, schlüpfte in mein gutes Kleid und marschierte Hand in Hand mit Monika, meiner besten Freundin aus der Schule, zum Gottesdienst. Wenn wir mit der Kommunion an der Reihe waren, schenkte unser Pfarrer mir unverhofft eingemeindetem Schäfchen immer ein sanftes Lächeln, und in diesen Momenten war sicherlich er es, der sich in dem Wettstreit mit Mama obenauf fühlte. »Das ist nur eine Phase!«, sagte meine Mutter, etwas verunsichert, zu Hause zu Papa über meine Frömmelei.

Stattdessen weiteten sich meine Glaubensbekenntnisse aus – auf Kirchenbesuche in Griechenland. Cousine Anna, die ebenso wenig zum Glauben angehalten wurde wie ich, hatte nämlich ihrerseits Interesse an der Kirche entwickelt: Unser Glaube war zwangsläufiger Bestandteil unserer Oppositionshaltung gegenüber den Erwachsenen in unserer Familie. Es war allerdings nicht so, dass wir nur zur Kirche gingen, weil die Großen Agnostiker waren – wir fühlten uns tatsächlich dem lieben Gott nahe und verspürten echte Hingabe, wie sie nur Grundschülerinnen so unbedingt empfinden können. In griechisch-orthodoxen Kirchen war meine Hingabe sogar noch tiefer, das lag an den beeindruckenden Begleitumständen, von denen ich Monika zu Hause in München begeistert berichtete:

»In griechischen Kirchen gibt es nicht nur so ein bisschen Weihrauch – da dampft der Weihrauch die ganze Zeit. Das ist ein Duft, der haut einen um! Und dann gibt es überall Ikonen, die muss man küssen!«

»Aber ist das nicht eklig, wenn alle die Bilder küssen?«, fragte Monika.

»Sie sind ja meistens hinter Glasrahmen, die werden wahrscheinlich ab und zu abgewischt. Aber ein bisschen eklig ist es schon – man sieht den Lippenstift von den Frauen daran.«

Monika rümpfte die Nase.

»Der Pfarrer heißt *papas* und trägt einen langen Bart und schwarze Kleider. In der Kirche singen die Pfarrer die ganze Zeit, so ähnlich wie in der Oper. Sie müssen eine Gesangsausbildung machen, und wer keine gute Stimme hat, kann nicht

Priester werden. Sie dürfen außerdem heiraten und Kinder haben, wie bei den Evangelischen. Und jedes Mal zünde ich in der Kirche Kerzen an!«

»Echt?«, fragte Monika.

»Klar. Die Kerzen zündet man an, wenn man sich was wünscht. Dass jemand, der krank ist, wieder gesund wird zum Beispiel. Überall am Eingang sind glänzende Messingständer für die vielen brennenden Kerzen. Jeder kauft in der Kirche Kerzen und zündet sie an. Weil – damit verdient die griechische Kirche ja ihr Geld. Es gibt nämlich keine Kirchensteuer!« Das hatte ich natürlich von Papa gehört.

Mein Bruder konnte sich weniger für die Orthodoxie erwärmen. Es waren dabei nicht so sehr die Kirchen, die er ablehnte, sondern viel mehr die Popen, denen er nicht über den Weg traute. Er war nämlich zu spät getauft worden und hatte seine Taufe sozusagen bei vollem Bewusstsein erlebt. Sie wurde ihm unvergesslich.

Er war zu diesem Zeitpunkt schon fast zwei Jahre alt, denn seine Taufpatin lebte – im Gegensatz zu meiner, die Exilgriechin war wie Mama – in Athen, welches wir ja meist nur im Sommer besuchten. Als es dann endlich zu der Zeremonie kam, müssen schon die unablässigen Kyrie-Eleison-Arien der Priester meinen Bruder einigermaßen erschreckt haben; dann aber wurde er auch noch vor allen Kirchengästen vollständig entkleidet. Das reichte schon, um ihn zum Brüllen zu bringen.

Das Schlimmste kam aber erst: Ein *papas* mit einem langen grauen Bart packte ihn um den Bauch (übrigens ohne bei den Gesängen zu pausieren), trug ihn zum Taufbecken und tauchte ihn vollständig unter Wasser. Dreimal.

Meinem Bruder traten vor Empörung fast die Augen aus dem Kopf. Noch Jahre später fing er an, panisch zu wimmern, wenn ihm Popen in ihren schwarzen Gewändern auf der Straße begegneten – er fürchtete, sie könnten ihn holen, um ihn wieder unterzutunken.

Was Mama immer ein wenig schmerzte, war, dass wir nie Ostern in Griechenland feierten – sie vermisste es nicht aus religiösen Gründen, sondern wegen des Brimboriums. Ostern ist dort wichtiger als Weihnachten, doch da es nach dem Julianischen Kalender anberaumt wird und nicht nach dem Gregorianischen, findet es nur alle paar Jahre zum selben Zeitpunkt wie das deutsche Ostern statt. Als ich vierzehn oder fünfzehn Jahre alt war, fielen die Termine einmal zusammen, und Mama buchte uns einen Flug.

Am Flughafen in Athen erwarteten uns zweiundzwanzig Grad im Schatten und meine beide Tanten in Nerzmänteln. Mein Bruder und ich waren einigermaßen baff – uns war nicht klar gewesen, dass Pelze in Athen, wo die Temperaturen selten unter zehn Grad sinken, überhaupt gebräuchlich waren. Bei der Fahrt durch die Stadt zeigte sich, dass es sich bei den Pelzen nicht etwa nur um eine Marotte meiner Tanten handelte: Damen in Nerzmänteln, Persianern oder Fuchsjacken tauchten überall im Straßenbild auf, wer keinen Pelz spazieren führte, hüllte sich in einen Wintermantel oder eine Daunenjacke.

Im Fond des Wagens von Onkel Giorgos war es heiß, die Fenster waren wegen der Zugluft verschlossen, wir schwitzten und schüttelten die Köpfe über die winterlich gekleideten Griechen: »Wetten, sie lassen uns keine Sekunde im T-Shirt rumlaufen«, stöhnte mein Bruder.

»Garantiert nicht!«, bestätigte ich.

Im Haus von Yiayia erlebten wir dann zwei weitere Überraschungen: Die erste war, dass überall Kelims und dicke Perserteppiche auslagen. »Wo kommen die denn her?«, fragte mein Bruder die Yiayia, die lächeln musste: »Die liegen doch jeden Winter hier, das wisst ihr nur noch nicht.« Wir erfuhren, dass jedes Haus über sein eigenes Teppichsortiment verfügt, das im Sommer in speziellen Kühlhäusern gelagert wird, damit sich nicht die Motten über die guten Teppiche hermachen. Im Herbst aber heißt es dann: »*Ta strosame*, wir haben sie ausgebreitet.« Der Vorgang ist geradezu sprichwörtlich: »*Ta strosame*« bedeutet nämlich auch »Wir haben es uns gemütlich gemacht«. Wir deutschen Kinder kannten den Ausdruck sehr wohl. Von seinem Ursprung aber – dass in Griechenland tatsächlich regelmäßig etwas »ausgebreitet« wird – hatten wir keine Ahnung gehabt.

Die zweite Überraschung war das Essen – beziehungsweise das Fehlen von Essen: Es gab keine Fleischspießchen, keine *Prisoles*, keine *Keftedes*, keinen Feta-Käse, kein Huhn. Der Tisch im Eingangsraum war – bis auf Tischtuch und Teller – leer, als wir uns mit der Familie zum Essen niederließen. (»Wie in Deutschland«, sagte mein Bruder.) Dann kam Yiayia und brachte nur eine einzige Schüssel: Linsensuppe.

Es war nämlich Fastenzeit, *nistia*. Die wurde in unserer griechischen Familie eingehalten. Nicht wegen der Kirche – wegen der Figur.

»Giorgos hat schon drei Kilo verloren. Und ich zwei«, erzählte Tante Meri stolz. Giorgos allerdings betrachtete die Suppe in seinem Teller missmutig und brummte. »Das Fastenessen hängt mir schon zum Hals raus.«

»*Oooooch!* Wem sagst du das!«, bestätigte Pappous, der fleischlose Kost nicht ausstehen konnte.

»Jetzt ein schönes *Souvlaki*, dass einem das Wasser im Mund zusammenläuft – das wäre was, nicht wahr, Maria!«, sagte Giorgos zu Mama. »Neben meiner Firma gibt es ein *souvlatzidiko*, einen Souvlaki-Imbiss, die machen vielleicht *Souvlakia! Na glifis ta cheria sou*, zum Finger abschlecken! Da gehen wir alle mal mit den Kindern hin. So was gibt's in Deutschland nicht!«, schwärmte Giorgos.

»Aber nicht jetzt!«, sagte Meri und drohte ihrem Mann mit dem Finger. »Erst müssen noch ein paar Kilo runter. Denk an deinen Bluthochdruck, Liebling.«

Onkel Giorgos machte ein säuerliches Gesicht. Dann aber lächelte er plötzlich: »Bravo, *Steliza*, du hast ja den ganzen Teller leer gegessen!«

»Linsensuppe mag sie, die gibt es in Deutschland oft«, sagte Mama. »Die Deutschen essen sie das ganze Jahr über, nicht nur zur Fastenzeit.«

»Linsensuppe, das ganze Jahr über!?«, dröhnte Onkel Giorgos und schüttelte den Kopf. »Verstehe einer die Deutschen!«

Mittlerweile waren Anna und ich aus unserer frommen Phase herausgewachsen, zu Ostern allerdings lohnte sich der Kirchenbesuch wieder. Vor dem Karfreitag wurden die Kirchen ganz und gar mit Blumen ausgeschmückt, bei den Altären wurden stilisierte Totenbahren mit Jesusfiguren aufgestellt, die dann beim Karfreitagsumzug durch die Straßen getragen werden sollten. Die Kirchen konkurrierten dabei in punkto Blumenschmuck untereinander, so dass es üblich war, mehrere Totenbahren Christi zu besichtigen und die Dekoration zu begutachten. Also verabredeten wir uns – dieser Treffpunkt war bereits ein Ritual – am *Dimotiko Theatro*, um von dort aus durch die Kirchen zu ziehen. Zumindest war das die Version für die Erwachsenen. Tatsächlich hatten wir vor, nur eine Kirche aufzusuchen und von dort aus dann einen bestimmten Plattenladen in Piräus anzusteuern, wo sich Annas Clique nachmittags traf, um einen Café Frappé zu trinken.

Der Altar in der Kirche war mit Nelken geschmückt, die von Rosen und Freesien umrahmt waren; der betörende Duft überlagerte sogar noch den des Weihrauchs. Wir machten unser Kreuzzeichen, stellten zwei Kerzen auf, dann reihten wir uns in die Schlange der Gläubigen ein, die ehrfürchtig auf

Knien unter den Totenbahren mit den Christusfiguren durchkriechen wollten – so war das Brauch.

Ich war bereits damit fertig und wartete auf Anna, als es geschah: Einem alten Weiblein wurde es beim Wiederaufrichten schwindelig, und so hielt es sich an einer girlandengeschmückten Säule fest. Die kippte um und schlug mit einem ohrenbetäubenden Knall nur knapp neben mir auf den Steinboden.

Die Säule selbst war aus bemaltem Holz. Trotzdem hätte sie mich wahrscheinlich erschlagen, wenn sie nur ein paar Zentimeter weiter zu Boden gefallen wäre, denn sie war massiv, mehrere Meter hoch und baumdick – und sie war in keiner Weise fixiert gewesen (solche Dinge kommen vor im Süden – sogar in Kirchen).

Vielleicht war das so eine Art Strafe Gottes, gab ich zu bedenken, als wir vor dem Plattenladen auf den Stufen hockten und Frappé schlürften. Weil wir gelogen hatten und nun hier herumsaßen, statt weiter durch die Kirchen zu ziehen.

»*Bourdes*, Quatsch«, sagte meine Cousine laut, um die Klänge der Sex Pistols aus dem Laden zu übertönen (das Geschäft war spezialisiert auf Punkmusik).

»Wir haben doch gar nicht gelogen. Wir haben nur nicht alles erzählt. Außerdem: Wenn es eine Strafe sein sollte, dann wärest du jetzt tot!«, erklärte meine Cousine, und weil ich immer noch zweifelnd dreinblickte, bot sie an, später Rita zu dem Thema zu konsultieren.

Rita war die Hausangestellte bei Tante Matina und Onkel Michalis, die mittlerweile nicht mehr in dem Haus von Matinas Eltern lebten, sondern in einer luxuriösen Dreihundert-Quadratmeter-Wohnung mit Meeresblick an der Uferstraße von Castella, unweit des Paraskevas-Bades. Weil Onkel und Tante nach wie vor ständig arbeiteten, kam nun täglich Rita und kümmerte sich um alles. Sie war nur gut zehn Jahre älter als wir und hatte bereits drei Kinder, ihr Mann aber, so hieß es hinter vorgehaltener Hand, taugte nichts, darum musste Rita die Familie ernähren. Trotz ihres Pechs mit dem Ehemann erschien sie aber meistens recht fröhlich und war ein wenig wie eine Freundin für uns – und sie kannte sich bestens in allen Glaubens- und Aberglaubensfragen aus.

Rita packte meine linke Hand – die Herzenshand – und untersuchte die Linien eingehend: »*Uuuh*, die Lebenslinie geht ja fast bis zum Ellenbogen – kommt mir nicht so vor, als ob du bald verunglückst. Aber vielleicht hat dich jemand verhext. Du solltest was gegen den bösen Blick unternehmen.«

Den bösen Blick kannte ich bereits vom »Ftuftuftu«, den Bespuckungen, die ihn ablenken sollten. Auch wusste ich, dass es half, stets etwas Blaues am Körper zu tragen. Auch ein *mati tis thalassas*, ein so genanntes Meeresauge, kann einen vor dem Blick bewahren – die stilisierten blauen Glasaugen gibt es heute noch in griechischen Schmuck- und Souvenirläden. Oft werden sie mit dem orthodoxen Kruzifix kombiniert, und so sind Glaube und Aberglaube miteinander vereint – wie so oft in Griechenland.

»Aber Rita, wie wird man denn verhext?« So richtig hatte mir das noch niemand auseinandergesetzt.

»Wenn jemand neidisch auf dich ist, weil du jung bist und gesund. Oder weil du gute Noten in der Schule hast oder deine Eltern Geld haben. Dann passiert das ganz von selbst.«

»Und warum machen dann alle immer ftuftuftu, wenn sie etwas Nettes sagen?«

»Mit nett gemeinten Dingen kann man auch verhext werden. Ich muss da aufpassen, denn ich habe blaue Augen. Blauäugige können andere Menschen besonders oft verhexen, auch wenn sie das gar nicht wollen!«

Ich war beeindruckt: »Menschen mit blauen Augen haben also öfter den bösen Blick?«

»Und wie! Und solche mit schwarzen Augen!«

»Das sind ja hier in Griechenland fast alle!«

Da lächelte Rita geheimnisvoll und sagte: »Man weiß nie, wer den Blick hat – meistens wissen es die Leute selbst nicht.«

Rita kannte sich außerdem in Traumdeutung aus und las uns die Zukunft aus Mokkatassen. Und sie lehrte uns, Patiencen zu legen. Wir saßen mit ihr am Küchentisch und legten so lange Patiencen, bis endlich eine aufging, das bedeutete: Annas Schwarm aus dem Plattenladen würde sie anrufen.

Rita legte selbst stundenlang Patiencen, auch wenn Onkel und Tante oft schimpften, wenn sie nach Hause kamen und ihre Hausangestellte in die Karten vertieft am Küchentisch vorfanden: »Rita!«, stöhnte Onkel Michalis dann. »Warum hast du denn meine Hemden nicht gebügelt?! Ich habe gar nichts mehr anzuziehen für die Praxis.«

»*Siga, siga,* immer mit der Ruhe, das mache ich schon noch, heute oder morgen«, sagte Rita dann. »Ich bin doch keine *filipina.*« In jener Zeit gab es viele (illegale) Philippinerinnen, die in griechischen Haushalten hart schufteten. »Ich bin doch keine *filipina*« war deshalb ein geflügeltes Wort, wenn jemand ausdrücken wollte, dass er sich nicht knechten ließ.

»Diese Rita!«, sagte Michalis und schüttelte den Kopf. »Typisch griechisch! Die Griechen lassen sich einfach nichts sagen, auch nicht vom Chef. Denen ist auch ganz egal, ob einer wohlhabend ist oder einflussreich. Das macht bei ihnen keinerlei Eindruck. Die denken bloß: Wer bist du schon, du hast mir gar nichts zu befehlen!«

Ich richtete mich auf einen längeren Vortrag ein – die Lust des Onkels am Schwadronieren über das Leben im Allgemeinen und die Griechen im Besonderen kannte ich ja bereits.

»Das ist auch das Problem mit Griechenland – dass jeder kleine Angestellte die Anweisungen seines Chefs in Frage stellt. Die Engländer aber sagen ›Yes, Sir!‹ und verbeugen sich auch noch. Und die Deutschen sagen ›Jawoll!‹ und schuften, wenn der Chef das von ihnen verlangt. Deswegen sind dies reiche Länder geworden. Die Griechen aber – nichts! Katzbuckeln – das ist ihnen völlig fremd!« Er seufzte, aber gleichzeitig schmunzelte er, und es war ihm anzumerken, dass ihn diese levantinische Eigenschaft auch mit Stolz erfüllte und er von Katzbuckelei grundsätzlich nicht viel hielt.

»Die Philippinerinnen machen auch alles, was man ihnen sagt«, mischte sich Rita ein. »Aber, *Kyrie Michali*, Herr Michalis, sei du ruhig froh, dass ihr mich habt!«, und sie trat an den Herd, auf dem in einem riesigen Topf Artischockenböden in *Avgo-Lemono*, Eier-Zitronensoße, schmorten, ein typisches griechisches Fastengericht. »Denn das hier kocht dir keine *filipina*!«

Zwar war ich alt genug, mich für Plattenläden und Jungs zu interessieren, natürlich war ich aber auch irgendwo noch ein Kind. Deshalb geriet ich ebenso in Entzücken wie mein jüngerer Bruder, als wir auf dem Markt einen Kleinlaster mit frisch geschlüpften Küken auf der Ladefläche sahen. Als wir dann auch noch erfuhren, dass die Küken angeboten wurden, um in der Osterzeit als Geschenke für Kinder zu fungieren, waren wir völlig aus dem Häuschen. Pappous war tatsächlich bereit, uns zwei Küken zu kaufen. Der Verkäufer packte sie in braune Papiertütchen mit eingestanzten Luftlöchern. Sie piepsten die ganze Busfahrt über.

Mama verzog das Gesicht, als wir mit unseren Küken in der Monemwassias aufkreuzten: »Die wurden schon zur Zeit meiner Kindheit zu Ostern an Kinder verkauft. Die armen Küken!« Wir konnten ihre Einwände nicht verstehen. Schließlich rückte sie raus mit der Sprache: »Die leben meistens nicht lange. Seid nicht enttäuscht, aber wahrscheinlich gehen sie euch noch vor Ostersonntag ein.«

Unseren Küken sollte dieses Schicksal erspart bleiben, wir wollten uns ganz besonders gut um Pat und Patachon – so nannten wir sie – kümmern. Mein Bruder hämmerte bereits im Hof an einem Parcours, inklusive Rutsche und Wasserbad. Über die Jahre hatten sich seine handwerklichen Fähigkeiten enorm gesteigert.

Das Problem waren Pappous' Katzen. Angesichts der Küken im Hof bekamen sie hässliche Gieraugen. Sie hockten lauernd auf der Mauer, wir hassten sie plötzlich und überredeten Pappous, die Biester nicht mehr zu füttern. Doch das ließ sie nur noch gieriger nach unten spähen. Permanent mussten mein Bruder und ich Wache schieben, um Pat und Patachon vor dem Schlimmsten zu bewahren.

Pappous und mein Bruder schleppten Drahtgitter herbei und versuchten, eine Ecke des Hofes für die Küken abzugrenzen, doch bekamen sie den Verschlag nie richtig dicht, so dass Pat und Patachon immer aus irgendeiner schmalen Lücke entwischten und sorglos piepsend über den Hof flitzten, und nicht nur einmal mussten wir sie im letzten Moment vor Katzenzugriffen retten.

Das zweite Problem war die blinde, schwerfällige Yiayia, die Angst hatte, sie könne eines der Hühnchen versehentlich mit dem Pantoffel zerquetschen, und tatsächlich gerieten sie ihr ständig zwischen die Füße und brachten sie einmal sogar fast zum Stürzen.

»Diese Küken machen uns alle noch völlig verrückt«, stöhnte Mama, doch natürlich weigerten wir uns, sie wieder herzugeben. Schließlich durften sie nur noch raus, wenn mein Bruder und ich im Hof waren, ansonsten hausten sie im Badezimmer.

Anna konnte meine Begeisterung für Pat und Patachon nicht teilen: »Ach, Küken«, sagte sie nur. »Die hatten wir auch schon oft an Ostern. Jetzt wollen wir keine mehr.«

»Warum denn nicht?«, fragte ich. »Die sind doch so süß.«

»Schon, aber nach ein paar Tagen sterben sie. Das ist dann nicht mehr so süß.« Ihr kleiner Bruder Alexis sei nach dem Tod der Küken immer so unglücklich gewesen, dass ihre Familie beschlossen hatte, künftig ohne Osterküken auszukommen.

Tatsächlich rannte Pat eines Tages nicht mehr so eifrig durch den Hof wie sein Bruder, am nächsten Tag döste er viel in der Sonne und interessierte sich nicht für die Körner, die wir ihm zuwarfen. »Ihm fehlt wahrscheinlich die Hennenmutter, die ihn wärmt«, meinte mein Bruder. Darum betteten wir den kleinen Pat an diesem Abend auf eine Wärmflasche. Er war schon ziemlich schwach, und am nächsten Tag wachte er nicht mehr auf. Doch Patachon wurde immer kräftiger, bald würden die Katzen ihm nichts mehr anhaben können.

Schließlich kam der Karfreitag mit der Prozession, die blumengeschmückten Christusaltäre wurden durch die Straßen getragen, die Popen sangen dazu und ihre Stimmen hallten lautsprecherverstärkt durch die Stadt, in der alle auf den Beinen zu sein schienen.

Noch imposanter gestaltete sich dann der Abend vor Ostersonntag: Wir besuchten, wie alle, bis Mitternacht die Messe, und im Anschluss daran kam das Allerbeste: ein Feuerwerk. Dazu fielen sich selbst wildfremde Menschen in die Arme und wünschten sich *kalo paska*, frohe Ostern. Es war ein gigantischer Rummel und kaum zu vergleichen mit den eher stillen Feierlichkeiten in Deutschland, und wenn ich immer noch mit Monika, der alten Schulkameradin, befreundet gewesen wäre – ich hätte ihr einiges zu erzählen gehabt.

Die Eiersuche am nächsten Tag fiel allerdings aus, in Griechenland werden keine Ostereier versteckt. Für uns war das keine große Enttäuschung, denn Mama versteckte auch in Deutschland nie Eier, einfach, weil sie den Sinn darin nicht erkennen konnte. »Man kann den Kindern doch die Eier einfach schenken. Warum müssen sie sie denn suchen?!« Bis heute verweigert sie sich dem für sie unsinnigen Suchritual und drückt ihren Enkeln die Osternester einfach in die Hand.

Außerdem gibt es in Griechenland keine bunten Eier, sondern ausschließlich rote. Zusammen mit Yiayia färbten wir sie und beklebten sie mit Jesusbildchen. Dann packten wir sie ein und fuhren aufs Land, um das traditionelle Osterlamm zu grillen.

Wir näherten uns dem Ziel im Stop-and-go-Modus – in allen Ausfahrtsstraßen staute sich der Verkehr. Ich saß auf dem Rücksitz von Giorgos' Auto, eingekeilt zwischen Yiayia und Mama, und schwitzte mal wieder – es war so warm geworden, dass selbst die Tanten auf ihre Pelzmäntel verzichteten. »Hoffentlich wird das Lamm nicht schlecht bei der Hitze«, sorgte sich Tante Meri. Es lag im Kofferraum und war eher ein ausgewachsener Hammel denn ein Lämmchen, schließlich sollte es für alle reichen.

»Nur gut, dass wir überhaupt noch eines bekommen haben«, sagte Onkel Giorgos, denn bei der Bestellung beim Metzger hatte es eine Verwechslung gegeben – unser Lamm war bereits an eine andere Familie gegangen, und erst nach einem lauten, wortreichen Disput hatte Giorgos dem Metzger ein Lamm abschwatzen können, das dieser angeblich für seine eigene Familie reserviert hatte.

»Sonst wären wir ohne Lamm dagestanden, an Ostern!«, sagte Meri und machte »*papapapa*!« Dies richtete sich nicht etwa an irgendeinen Vater oder *popen*, Papas, sondern war nur ein weiterer der vielen lautmalerischen griechischen Seufzer – er wurde ausgestoßen, wenn etwas ganz besonders schlimm erschien.

Tante Meri und Onkel Giorgos mieteten jedes Jahr ein Sommerhäuschen auf einem Hügel in der Nähe von Varkissa, dort auf dem Grundstück sollte unser Osterlamm gebraten werden. Als wir das Häuschen endlich erreichten, offenbarte sich der Grund für den Stau: Alle, die nur irgendeinen motorisierten Untersatz mobilisieren konnten, waren ebenfalls aufs Land gefahren – auch, wenn sie über kein Sommerhäuschen verfügten. Dann entzündeten sie ihre Grillfeuer einfach in der freien Natur oder auf einem Feld. So weit man blicken konnte, sah man Familien, die sich um ihr Lamm am Spieß gruppierten.

Im Karst des heißen Sommers wäre die allgemeine Zündelei wahrscheinlich fatal gewesen, nun aber war Frühling, und die Hügel, die mein Bruder und ich nur öde und struppig kannten, waren grüne Blumenwiesen mit Mohn, Margeriten, Kamille und Oregano, der jetzt noch saftig grün wuchs und lila blühte. Mein Bruder und ich verbrachten eine Stunde staunend in den Wiesen und kehrten schließlich mit Blumensträußen zurück.

Mittlerweile glühten die Holzkohlen, und Onkel Michalis war an der Reihe, den Spieß zu drehen. Die gehäuteten Lämmer hatte ich schon all die Tage in und vor den Metzgereien hängen sehen, sie hingen dort komplett, mit Kopf. Ich hatte mir nichts weiter dabei gedacht und irgendwie geglaubt, der Kopf würde noch vor dem Verkauf entfernt werden, doch nun registrierte ich, dass dies nicht der Fall war: Unser Lamm – und alle Lämmer auf dem Hügel – drehten sich inklusive Kopf am Spieß, so dass all die leeren Augenhöhlen mich anzustarren schienen. In das, was einmal ein Maul gewesen war, hatten die Feiernden ihnen auch noch ein rotes Ei gesteckt, wohl um den Braten fröhlich-österlich auszustatten. Mir kam es vor, als hätte man das tote Lamm noch posthum verhöhnen wollen.

Lange betrachtete ich das Lamm mit dem roten Ei zwischen den Zähnen, mein Abscheu wurde von Minute zu Minute größer. »Ich glaube, ab heute bin ich Vegetarierin«, sagte ich schließlich zu meinem Bruder.

»Du spinnst doch«, meinte mein Bruder, »wie immer.«

Es gibt zwar nur rote Ostereier in Griechenland, doch werden sie, wie bei uns, im Wettbewerb aneinandergestoßen, und darin war ich Meisterin: Ich hatte mir besonders dickschalige Eier ausgesucht, damit besiegte ich fast die ganze Familie: »*Christos anestis*« sagt man, wenn man mit dem Ei auf das Ei des Gegners tippt, »Christus ist auferstanden«.

»*Alithos anestis,* er ist wahrhaftig auferstanden«, muss der Gegner antworten. Nur bei Cousin Stelios scheiterte ich. Er hatte eine Art, kurz und kräftig zu tippen, die in der Verwandtschaft unerreicht blieb.

»*Christos anestis*«, sagte Stelios und, mit leicht boshaftem Unterton (er wusste natürlich, dass ich nicht gern harte Eier aß): »Soll ich dir gleich ein bisschen Salz für dein Ei bringen, *stelitza?*« Das Ganze war eine Variante unseres alten Spieles, das »kleine Cousinen ärgern« hieß und vor langer Zeit mit Kitzelattacken und »Brennnessel-Portionen« begonnen hatte. Nur leider war er immer noch der Stärkere, darum musste ich so einige Eier herunterwürgen.

Das Osterlamm verweigerte ich aber ganz und saß schließlich mit Anna, ein Tellerchen Salat und Feta-Käse auf den Knien, auf der Hollywoodschaukel (Anna war immer noch auf Diät), während die anderen sich die Leckereien einverleibten, die die Tanten in der kleinen Küche des Sommerhäuschens zubereiteten, die gebratenen Zucchini und Auberginen und *Keftedes* und so weiter. Dazu gab es *Retsina* und für uns Jüngere Cola, und dazu *Bouzoukia* aus Stelios' Kassettenrekorder. Dann schauten Freunde von Meri und Giorgos vorbei, die ebenfalls ein Sommerhäuschen in der Nähe besaßen, und es war ein großes *kefi* bis in die Nacht, die lau war und warm wie in Deutschland nur im Sommer.

Schließlich nahte unsere Abreise, doch wussten wir nicht, was wir mit Patachon anfangen sollten – wir konnten ihn schließlich schlecht mit in den Flieger nehmen und in unserer Etagenwohnung in München hausen lassen, und der Yiayia wollten wir ihn auch nicht auf Dauer zumuten.

Patachon war kräftig geworden, unter seinem gelben Flaum hatten sich sogar schon echte Federn gebildet. Also fragten wir Anna und ihren kleinen Bruder Alexis, ob sie ihn nicht doch weiter aufpäppeln könnten. Anna begutachtete Patachon zunächst, dann nickte sie: »Der schafft es«, sagte sie und nahm ihn mit.

So zog unser Patachon in die schicke Wohnung in Castella, und er war sicherlich das erste – und einzige – Federvieh, das seine Runden auf der marmorgekachelten Hundert-Quadratmeter-Terrasse mit Meerblick drehte. Zumindest eine Zeitlang.

Erst in den Sommerferien erfuhren wir, was Patachon widerfahren war: Es war noch einmal ungewöhnlich kalt geworden im griechischen Frühjahr nach Ostern, das Thermometer sank unter zwanzig Grad, die Tanten zogen die Nerze noch einmal hervor, die Heizungen wurden wieder bis zum Anschlag aufgedreht, als der kleine Alexis Mitleid mit dem frierenden Hähnchen auf der Marmorterrasse entwickelte. Darum stellte er den Ofen in der Küche an und steckte Patachon hinein. Nur kurz, zum Aufwärmen. Der Ofen in der neuen Wohnung aber war hochmodern und wurde schneller heiß, als der kleine Alexis ahnte. Das war das Ende von Patachon, dem stärksten aller Osterküken, und nie wieder wollte Alexis – oder sonst jemand aus unserer Familie – ein Küken zum Haustier haben.

Mama in den Alpen

Meine Mutter hatte eine wunderschöne, bestens ausgebildete Singstimme. Eine Stimme, die bei Zuhörern Rührungstränen und Gänsehaut und Euphorie auslöste. Es ist ein echter Jammer, dass nur so wenige Menschen die Stimme meiner Mutter hörten, denn auf einer großen Bühne sang sie nie. Sie besaß einen Mezzosopran, beherrschte aber auch tiefe und ganz hohe Töne, deshalb gehörten auch anspruchsvolle alte Opern zu ihrem Repertoire. Außerdem besaß sie zwei Kinder und einen Ehemann. Das war wahrscheinlich das Problem: Mütter wurden damals nicht so leicht Opernstars (vielleicht ist das heute nicht anders).

Ihrer Gesangsausbildung hatte Mama ihr ganzes bisheriges Leben gewidmet. Ich war noch zu jung, um zu verstehen, wie hart es für sie gewesen sein mag, ihren Lebenstraum ad acta zu legen. Manchmal verzog sie sich an Sonntagnachmittagen noch in ihr Zimmer und hörte Opernplatten, und wenn ich mich zu ihr setzte, spielte sie mir die schönsten Passagen vor und sang mit. Auf mich machte sie immer den Eindruck, als habe sie vor, in ein paar Jahren mit dem Singen weiterzumachen. Doch das ergab sich nie.

Als Mama beschloss, keine Opernsängerin mehr zu sein, wurde sie noch deutscher. Sie wurde zur (fast) ganz normalen deutschen Mama: Sie nahm einen Halbtagsjob als Glasschadenssachbearbeiterin bei einem Versicherungskonzern an. Und sie meldete sich in einer Fahrschule an.

Deutschland befand sich damals noch im großen wirtschaftlichen Aufschwung, es war die Zeit, zu der sich Familien zum Erstwagen (dem großen, den der Ehemann fuhr) einen kleinen Zweitwagen für die Ehefrau leisteten. Als Mama in den Theoriestunden saß, war der Raum voll mit Frauen ihres Alters, die auch jetzt den Führerschein machten.

Meine Mutter konnte noch nicht einmal Fahrrad fahren; im Griechenland ihrer Jugend schickte sich das Radfahren für Mädchen aus gutem Hause nicht. Sie war nur einmal, als Halbwüchsige, auf ein geliehenes Rad gestiegen, damit eine Anhöhe hinuntergerast und in einen Graben gestürzt. Dass man nach rechts lenken muss, wenn ein Gefährt diese Richtung einschlagen soll, war ihr lediglich theoretisch klar – für sie war das kein Automatismus. Der Fahrlehrer muss schier an ihr verzweifelt sein, und es ist ein Wunder, dass sie den Führerschein überhaupt schaffte, beim dritten Anlauf. (Wenn wir Kinder später in ihrem lindgrünen VW-Käfer im Fond saßen, mussten wir mucksmäuschenstill sein, während Mama sich an das Lenkrad klammerte und Worte wie »Main Kott« oder »Värdammte Idiot« ausstieß.) Die übrigen Frauen, die mit ihr begonnen hatten, stellten sich allerdings auch nicht besser an, so dass viel Zeit blieb, sich untereinander kennen zu lernen. Als sie alle endlich ihren Schein hatten, waren sie Freundinnen geworden und Mama in einem nachbarschaftlichen Bekanntenkreis angekommen.

Für uns hatte das zur Folge, dass wir die Kinder der Fahrschulfreundinnen zu unseren Kindergeburtstagen einladen mussten. Was mich aus folgendem Grund störte: Diese Freundinnen hatten sonderbarerweise alle nur Jungs – ich war im Grundschulalter und wollte eigentlich nur Mädchen einladen. Aber meine Kindergeburtstage waren ohnehin anders als die der anderen: Sie waren etwas Besonderes und sonderbar zugleich.

Bei uns gab es nie selbst gebackene Kuchen zum Geburtstag (die gab es nur im Alltag), sondern aufwendige Torten, die Mama in der Residenzstraße in der Konditorei Café Hag kaufte. Neben den Porzellantellern und den guten Tassen für die heiße Schokolade standen Cellophantütchen mit Süßigkeiten für die Gäste (was damals bei Kindergeburtstagen in unserer Nachbarschaft unüblich war). Und alle Mütter meiner Gäste waren am Nebentisch ebenfalls zu Kaffee und Torte geladen. Außerdem veranstaltete Mama niemals Spiele. Topfschlagen, Eierlaufen, Würstelschnappen – all dies erlebte ich nur bei Gegeneinladungen. Meine Mutter kannte solche Spiele nicht. Nach der Kuchentafel gingen wir einfach ins Kinderzimmer, und die Jungs der Fahrschulfreundinnen sprangen auf meinem Bett herum und verwüsteten aus Langeweile mein Zimmer.

Der Führerschein meiner Mama brachte außerdem mit sich, dass wir jeden Samstag in der Nachbarschaft zu Partys eingeladen waren: Die neuen Bekannten bekochten sich gegenseitig, und Mama lernte kulinarische Eigenheiten wie den Rumtopf kennen, der nun bei uns in der »Dunkelkammer« angesetzt wurde. Die Freundinnen lernten griechisch kochen und servierten reihum ihre Version des griechischen Zitronenhuhns, das Mama ihnen beigebracht hatte. Wir Kinder saßen alle mit am Tisch. Wenn dann aber der gemütliche Teil kam – also noch ein paar Weinflaschen geköpft wurden –, verzogen wir uns in die Kinderzimmer. Anfangs fanden wir es ganz lustig, so lange aufbleiben zu dürfen, und bei der Gelegenheit freundete ich mich mit Wolfgang Huber an, dem Sohn einer Fahrschulfreundin (was mir den Spott meiner Schulfreundinnen einbrachte, denn er war nicht nur ein Junge, sondern auch noch eine Klasse unter mir). Ab zehn Uhr wurden uns aber die Augen schwer, und alle paar Minuten trabte einer der jungen Gäste ins Wohnzimmer zu den Erwachsenen und fragte: »Wann gehen wir denn endlich?!«

Regelmäßig fiel der Gastgeberpart auch an uns, das mochte ich lieber. Dann durfte ich mit Mama den Tisch decken, und ich machte mich extra für die Gäste hübsch und schminkte mir die Augen mit Mamas hellblauem Lidschatten (Wolfi Huber fand das blöd – er war eben nur ein Junge). Am liebsten mochte ich den Morgen nach der Party: Da standen überall noch Schalen mit Chips und Erdnüssen im Wohnzimmer, die mampften mein Bruder und ich zum Frühstück, und keiner konnte etwas dagegen sagen – unsere Eltern lagen noch im Bett und erholten sich vom Feiern.

Manchmal gingen auch alle zusammen aus. Wenn man die fünfunddreißig, vierzig überschritten hatte, bedeutete das in den frühen Siebzigerjahren: Man besuchte einen Weinkeller. Da waren wir Kinder nicht erlaubt. Wir mussten allein zu Hause bleiben und selbstständig ins Bett gehen. Statt zur vereinbarten Zeit zu schlafen, setzten wir uns vor den Fernseher und sahen uns Edgar-Wallace-Filme an. Darum wagte ich lange Zeit nicht, mich beim Einschlafen unter der Decke zu bewegen, denn ich hatte einmal eine Filmszene gesehen, in der Klaus Kinski jemandem eine Giftschlange ins Bett schmuggelt – nachts im Dunkeln bildete ich mir immer ein, in meinem würde auch eine liegen.

Dass wir im Sommer immer in den Süden fuhren, war nun keine Besonderheit mehr. All unsere Bekannten konnten sich jetzt einen Sommerurlaub leisten, und mittlerweile war sogar ein Zweiturlaub drin – in den Pfingstferien. Wir verbrachten sie, wie ein großer Teil der Leute aus unserer Siedlung, in einer Ferienanlage in Porec in Jugoslawien (für die Fahrt nach Griechenland waren die Pfingstferien zu kurz). Die Anlage wurde von dem Reisebüro in unserer Nachbarschaft vermittelt, und es war dort fast genau so wie bei uns in der Wohnanlage in München – nur am Meer. Wir trafen unsere Schulfreunde und die Jungs der Fahrschulfreundinnen, unsere Mütter kochten in den Apartments für uns, und statt mit dem Fahrrad herumzufahren, gingen wir alle zusammen schwimmen oder fingen Krebse. Während die anderen ihre dann später zurück ins Meer entließen, warf Mama unsere immer in einen Topf mit kochendem Wasser, bis sie rot wurden und sich nicht mehr bewegten. Dann saugten wir sie am Tisch auf unserer Ferienterrasse genüsslich aus, und unsere Freunde guckten mit angewiderten Blicken zu und schüttelten sich. Ansonsten verhielten wir uns aber wie alle anderen deutschen Porec-Urlauber und lernten von der Landessprache nur die Worte »Chewaptschischi« und »Juwetsch-Reis«. Erst im vierten oder fünften Jahr fiel uns auf, dass wir nicht einmal wussten, was auf Kroatisch »Guten Tag« heißt. »Wie peinlich«, sagte Papa.

Aus Porec stammt das einzige Foto, auf dem meine Mama nicht vorteilhaft hergerichtet in die Kamera blickt: Sie ist gerade aus einem Schläfchen in der Sonne erwacht, die Augen sind ganz klein, die Schminke verwischt und die Haare zerzaust. Mama genoss die Pfingsturlaube besonders, weil sie nicht vorher kofferweise Geschenke einkaufen musste, um dann unzählige Verwandtenbesuche zu absolvieren. Sie lag nur herum und ruhte sich aus.

Ansonsten wirkt sie auf allen Bildern stets wie aus dem Ei gepellt – mit sorgfältig frisiertem Haar, eleganten, auffälligen Kleidern, hochhackigen Schuhen, vollständigem Make-up. Immer hundert Prozent Operndiva, auch, als sie gar keine mehr war. Sie kam nun mal aus einer ganz anderen Welt. Bei der Arbeit spürte sie das besonders: Der Job war eine echte Unterforderung für sie (auch der Schriftverkehr: Mama sprach zwar nicht ganz korrekt Deutsch – doch sie schrieb es fehlerfrei). Ihr Studium befähigte sie offiziell dazu, als Musiklehrerin zu arbeiten, doch dazu fehle es ihr an Geduld, sagte sie. In der Versicherung litt sie aber, und sie beklagte sich bei uns über die Kleinbürgerlichkeit der Kollegen: »Da ist kein Mensch, der meine Sprache spricht!« Und damit meinte sie nicht Griechisch.

Unter all den Nachbarn gab es eine Familie, mit der sich meine Eltern besonders oft verabredeten: die Hubers. Sie wohnten in derselben Straße, ihre Söhne waren etwa so alt wie wir Kinder. Ihre Wohnung hatte den exakt gleichen Grundriss wie unsere – nur seitenverkehrt –, und sie besaßen eine Wohnlandschaft, die unserer zum Verwechseln ähnlich sah (in jadegrün). In einem aber unterschieden sich die Hubers von uns: Sie waren sportlich. Wir nicht. Dass sich das noch ändern sollte, war Teil unserer Integration.

Vor den Hubers verbrachten wir unsere Sonntagsausflüge meist auf dem flachen Land mit gemütlichen Spaziergängen. Die Alpen sahen wir uns allenfalls von der Seilbahn oder dem Sessellift aus an. Mama konnten sie nicht begeistern: »Hässliche graue Steine! Beklämmend, nicht wahr?«, urteilte sie. Die Hubers aber waren Bergwanderer. Und so ging Papa eines Tages mit uns Kindern in die Stadt und kaufte uns Bergstiefel, Karohemden und Bundhosen.

Mama begleitete uns nicht in die Stadt. Der Gedanke, einen Berg zu erklimmen, erschien ihr nicht sehr verlockend – Sport war ihr per se eher suspekt. Bis dato war sie mit dieser Einstellung bestens gefahren, denn Papa war ebenfalls ein Bewegungsmuffel, obwohl er sportlich aussah: Er war ein Sonnyboy-Typ und wirkte, als würde er den ganzen Tag Tennis spielen. Stattdessen waren seine Hobbys Essen, Lesen und sich Erholen.

Doch damals ging es mit dem Fitnesstrend in Deutschland los, an jedem zweiten Waldweg entstand ein »Trimm-dich-Pfad«, und im Rahmen der allgemeinen Ertüchtigung wurde auch die Alpenwelt wiederentdeckt. Plötzlich fanden wir uns alle an einem strahlenden Herbsttag mit den Hubers in den Bergen wieder, sogar Mama war spontan mit ins Auto gestiegen. Sie hatte ihre flachsten Schuhe angezogen: die aus Lackleder mit den rechteckigen Spangen vorne. Der Absatz war nur etwa zwei Zentimeter hoch, doch die Sohle war ganz glatt.

Am Anfang ging es noch. Mama ging grundsätzlich ganz gern zu Fuß. »Als ich nach Deutschland kam, ich war ein bießchen zu dieck«, erzählte sie beim Aufstieg. »Meine Gesangslehrerin sagte: Vergisst du den Bus, gähst du zu Fuß. Dann nimmst du ab. Und sparst du Geld. Und ich bin immär zu Fuß gegangen. Überall. Und sofort, ich habe sieben Kilo abgenommen! Ist kain Problem für mich, zu Fuß zu gehen!«

»Ja«, meinte Herr Huber skeptisch, »aber die Schuhe! Die sind hier gar nicht geeignet!«

»Ist kain Problem, wirklich«, sagte Mama.

Wolfi Huber und ich und unsere jüngeren Brüder kürzten Wege ab und schlugen uns querfeldein, dann warteten wir an einer Biegung auf die anderen. Es dauerte lange, bis sie aufkreuzten, und Mama atmete schwer, als sie sich auf einem kleinen Felsabsatz niederließ.

»Meine Vater ist auch viel zu Fuß gegangen. Heute noch«, sagte sie schließlich. »Er sagt, zu Fuß gehen chält ihn junk!« Dann trank sie die ganze Flasche Mineralwasser aus, die Herr Huber ihr hinhielt – obwohl sie normalerweise gar keinen Sprudel mochte.

Wir Kinder rannten weiter querfeldein. Beim nächsten Halt warteten wir fast eine Stunde. Als mein Bruder schon zurück nach unten laufen wollte, kamen endlich die Erwachsenen: voran die Männer. Dann Frau Huber und Mama. Erst, als wir unsere Brotzeit verspeist hatten, begann sie zu sprechen:

»Die Berge chaben auch etwas Dunkles. Deprimierend, nicht so freundlich und offen wie der Määr!«, sagte sie und

musterte missbilligend das Felsmassiv, das sich über uns aufbaute.
»Die Berge sind doch nicht deprimierend!«, sagte Papa.
»Ich finde schon. Das ist meine Meinung. So schwermutig!«

Oben in der Hütte suchte Mama sich am Tisch einen Stuhl, von dem aus sie das Panorama nicht betrachten musste, und bestellte sich kurz hintereinander zwei Tassen Kaffee. Dann nahm sie zwei Aspirin gegen die Schmerzen in den Füßen und begutachtete ihre Schuhe. Eine rechteckige Spange fehlte, ein Absatz hing schief. Nun erst fand sie ein wenig zu ihrem Humor zurück: »Was, wenn ich nicht mehr laufen kann? Kommt eine große Bärnchadiener und trägt mich nach Chause?« Aber sie wusste natürlich, dass sie es aus eigener Kraft nach unten schaffen musste. Beim Abstieg rutschte sie mehr, als sie ging. Im Auto sagte sie: »Nächste Mal ich bleibe lieber zu Chause und chöre Musik.« Als wir schon auf der Autobahn fuhren, entrang sich ihr noch ein tiefer Seufzer: »Manchmal, da vermisse ich den Määr!«

Die winterlich-weiße Version der Alpenwelt gefiel Mama wesentlich besser. »Ich liebe Schnie!«, pflegte sie zu schwärmen.
»Mama: Schneeee!«, korrigierte ich. »Mit eeee!«
»Schnöööö!«, machte Mama, aber gleich darauf sagte sie wieder »Schnie«.
Verzuckert fand sie die Berge jedenfalls nicht deprimierend. Besonders genießen konnte sie ihren Anblick, weil sie als Einzige in der Familie ganz bequem mit einer Tasse Kaffee auf dem Schoß im Sonnenstuhl saß. Diesmal war die Reihe an uns, eine schlechte Figur abzugeben.
Mitgerissen von der Schibegeisterung der Hubers, war Papa wieder eines Tages mit uns in die Stadt gefahren und hatte

Schiausrüstungen erstanden. (Mama wollte erst einmal abwarten und über das Projekt Schilaufen nachdenken.) Papas Plan war, uns Kindern eben mal schnell das Schifahren beizubringen, damit wir bald mit den Freunden mithalten konnten. In seiner Kindheit war er schon ab und zu Schi gelaufen. Das war rund dreißig Jahre her. Nun kam er gar nicht dazu, uns irgendwas beizubringen. Er war viel zu sehr mit sich beschäftigt.

Wir waren mit der Gondel zu einer Mittelstation hochgefahren, wo Mama ihren Posten im Liegestuhl eingenommen hatte. Von da aus konnte sie den kleinen Tellerlift, den Papa ausgewählt hatte, voll überblicken: Mehrmals mussten die Liftmänner den Betrieb einstellen, weil Papa aus der Spur fiel oder sich mit seinen Stöcken oder Brettern verhedderte. Endlich auf der kleinen Piste angelangt, schlug er alle paar Meter voll hin. Auf Mamas Gesicht zeichnete sich ein still-zufriedener Ausdruck ab: Sie sah gern zu, wie wir auf Schiern versagten.

Papa schaffte es immerhin bis zum Lift. Mir gelang es nicht einmal, die wenigen Meter vom Sessselliftausstieg zum Tellerlifteinstieg zurückzulegen: Den größten Teil des Tages verbrachte ich damit zu stürzen. Der Einzige, der sich einigermaßen geschickt anstellte, war mein Bruder: Auch er stürzte, ließ sich aber nicht entmutigen. Er stand einfach immer wieder auf und fuhr verbissen weiter, auch als das Karomuster seiner Winterjacke vor lauter Schnee kaum mehr zu erkennen war.

So ging das einige Wochenenden. Mama eignete sich eine hübsche Winterbräune an und wirkte erholt und frisch, und Papa machte dezente Fortschritte. Doch dann stürzte er einmal besonders hässlich und hinkte noch wochenlang – diese Schisaison war für ihn damit gelaufen.

Ich hatte es immer noch nicht in den Lift geschafft. Mittlerweile hasste ich das Schifahren mindestens so sehr, wie Mama das Bergwandern gehasst hatte. Nur mein Bruder raste begeistert im Schuss den Hügel hinab, doch mit seinem Wagemut wuchs auch die Schwere seiner Stürze, denn er konnte nicht richtig bremsen: Es schleuderte ihm die Bretter nur so um die Ohren, wortwörtlich. Denn damals trug man die Schi noch mit Riemen gesichert um die Fußgelenke, damit sie, wenn die Bindung sich bei einem Sturz öffnete, nicht den Berg hinunterrasten.

Schließlich befand Mama, dass es nicht so weitergehe: »Die Kiender müssen richtig fahren lärnen, bevor ihnen auch was passiert. Sie brauchen eine richtige Lährer.«

»Ach neeee!«, meckerte ich, denn ich hatte bereits gehofft, mit Papas Saisonausfall bliebe auch mir künftig das Schifahren erspart.

»Doch, unbedingt!«, bestimmte Mama. »Wir wohnen in München, und alle Leute können Schi fahren. Also müsst ihr es auch können. Sonst gehört ihr nicht dazu. Und ich lerne auch Schi fahren!«

»Ist das dein Ernst?«, meinte Papa.

»Natürrrrlich!«, sagte Mama im Brustton der Überzeugung. »Wir machen einfach eine Kursus. Ich habe ja sogar Autofahren gelärnt, nicht wahr?« Wahrscheinlich dachte sie, dass sie sich kaum ungeschickter anstellen konnte als ihre Familie.

In der nächsten Woche kaufte Mama Frau Huber eine gebrauchte Schiausrüstung ab. Für Frau Huber nämlich war die Schisaison ebenfalls gelaufen: Sie hatte sich (in ihrem Schikurs!) einen komplizierten Splitterbruch zugezogen und verbrachte den Rest des Winters mit Gips auf ihrer Wohnlandschaft. Sonderbarerweise schien das Mama überhaupt nicht abzuschrecken (vielleicht dachte sie, in Anfängerkursen sei das Tempo nicht hoch genug, um sich was zu brechen). Sie meldete uns bei Sport-Scheck zu Samstagskursen an, die den ganzen restlichen Winter andauern sollten.

Kurz davor wurde sie von einer Art Wintersporteuphorie erfasst: In Griechenland gibt es nur ein paar Berge, auf denen im Winter manchmal genug Schnee zum Schilaufen fällt – allerdings nicht bei Athen. In Mamas Jugend war Schifahren deswegen etwas gewesen, das nur die ganz Reichen betrieben – ein Jetset-Vergnügen für millionenschwere Reederkinder, die nach St. Moritz oder Lech geschickt wurden. Außerdem kannte Mama das Schifahren aus spektakulären James-Bond-Filmen. Vor ihrem geistigen Auge sah sie sich wohl schon durch den Tiefschnee wedeln. Tagelang zog Mama durch die Stadt und suchte sich möglichst vorteilhafte Schiklamotten.

Bei der Gelegenheit brachte sie mir einen der soeben erfundenen hochmodernen Schioveralls mit. Bei der Auswahl des Musters allerdings war irgendwas mit ihr durchgegangen: Der Overall war babygrün mit weißen Punkten (bis auf die Einsätze an der Taille: Die waren weiß mit babygrünen Punkten). In meinen Augen sah er aus wie ein Strampelanzug. Ich war zehn Jahre alt! Ich bestand darauf, dass Mama ihn sofort umtauschte. »Aber du siehst so süß aus mit den Overall!«, weigerte sie sich.

Damals wurden die Schischüler vom Veranstalter mit der Bahn zu den Pisten verfrachtet, deshalb waren Mama, mein Bruder und ich zwar in unterschiedlichen Kursen – saßen aber alle im selben Zug. Die Vorfreude war Mama anzumerken: Schwungvoll hatte sie ihre neuen Schi geschultert und marschierte damit zum Bahngleis, und um den Bauch trug sie stolz etwas, das sie »Wiemär« nannte – das war die Gürteltasche, in der man Tempos, Geld und kleine Snacks verwahrte. (Sie hieß damals in Bayern »Wimmerl«, doch an diesem Zungenbrecher musste Mama zwangsläufig scheitern.) Ich schlich in meinem gepunkteten Anzug hinterher in den Zug.

Als er uns am Abend wieder am Hauptbahnhof ausspuckte, war nur noch mein Bruder gut gelaunt: Mama war so geschafft, dass sie ihre Schi nicht mehr bis zur Schulter hoch brachte – sie umklammerte sie in Hüfthöhe –, und ihre Haare hingen ihr in Strähnen ins Gesicht: Sie war so oft kopfüber im Schnee gelandet, dass schließlich sogar ihre Mütze durchweicht war. Ich trabte mit noch tiefer hängenden Schultern als am Morgen hinter ihr her: Der Overall, den Mama süß fand, kam bei Gleichaltrigen nicht gerade gut an. Die anderen aus meinem Kurs hatten die Köpfe zusammengesteckt und über »die da mit dem komischen Anzug« getuschelt.

Zu Hause regte sich Mama ziemlich über ihren Erwachsenenkurs auf: »Ich dachte, das ist ein Anfängerkursus. Aber ich war die einzige Anfänger!« Alle anderen waren schon einmal in ihrer Kindheit auf den Brettern gestanden. Oder sie waren immerhin so sportlich, dass sie es schafften, sich aufrecht zu halten und dem Schilehrer einen flachen Hügel nach unten zu folgen. Dort lag Mama. Ab und an sah der Schilehrer nach ihr und zerrte sie vom Boden hoch. Dann setzte er ihr wieder hinterher, weil ihre Bretter sich selbstständig machten.

Nach ein paar Samstagen konnten ich und meine Kursgefährten so gut fahren, dass man uns in die Schlepplifte ließ, und ab und an sah ich Mama: Sie hockte immer noch die meiste Zeit allein im Schnee und übte aufzustehen, während die anderen sich mit dem Lehrer auf dem Hang tummelten. So blieb es den ganzen Winter über.

Im nächsten Jahr meldete Mama sich wieder zu einem Anfängerkurs an. Ihr neuer Lehrer hieß Gerdi (»Kährti«) und sprach so »payerisch«, dass Mama ihn kaum verstand, doch war er viel netter als der alte. Außerdem gab es ein paar Schüler, die tatsächlich noch nie Schi an den Füßen getragen hatten. Doch nach zwei Samstagen folgten auch sie dem Lehrer im Schneepflug die Übungshügel hinunter. Mama nicht. Immerhin schaffte sie es nun, sich eine Zeitlang auf den Beinen zu halten und mit den Brettern an den Füßen seitlich ein paar

Meter nach oben zu steigen. Dort wartete sie auf Gerdi, der manchmal die übrige Gruppe verließ, um ihr die Grundzüge des Schneepflugs beizubringen. »Talschi belasten! Talschi!!!! Des is doch ned der Talschi!«, hörte ich ihn verzweifeln, als ich mit meiner Gruppe um das Duo herumfuhr. Ich trug immer noch den gepunkteten Overall – Mama hatte ihn im vergangenen Jahr vorsorglich zu groß gekauft.

Im Jahr darauf weigerte ich mich, an den Samstagskursen teilzunehmen (schon wegen des Anzugs). »Ist okäi«, sagte Mama. »Du fährst schon suppär.« Aus ihrer Perspektive betrachtet, mochte das stimmen. »Suppär« war übrigens das Lieblingswort des Schilehrers Gerdi. Der hatte sie am letzten Tag der zweiten Saison sogar in den Schlepplift gelassen. Sie war zwar nach einigen Metern gestürzt und lag wie ein gestrandeter Wal in der Liftspur, so dass die Anlage für einige Zeit ausgeschaltet werden musste, bis Gerdi es geschafft hatte, sie da wieder rauszuwuchten. Dennoch hatte er sie sehr für ihren Mut und ihr Durchhaltevermögen gelobt: »Er chat gesagt: Däs finti suppär!«, imitierte Mama seinen Dialekt und lachte. »Und dass ich wieder zu ihm kommen soll, noch mal Anfängerkursus!«

Nach einigen Jahren befand sich mein Bruder schließlich im Trickschikurs. Mama meldete sich nach wie vor in der Schischule mit an: jedes Jahr bei den Anfängern. Schließlich gab es keinen Kurs mehr, den mein Bruder belegen konnte. Da hatte auch Mama genug von der Schischule.

»Warum willst du denn nicht mal den Fortgeschrittenenkurs mitmachen?«, fragten wir. »Dann lernst du, auch ganz oben am Hang zu fahren und musst nicht immer unten beim Babylift bleiben.«

»Ich mag Babylifte!«, erwiderte Mama. »Noch mehr lernen ist zu viel für mich!« Doch an sonnigen Wintertagen packte sie manchmal »Wiemär« und Schi und fuhr ganz allein nach

Lenggries oder Bayrischzell. Dort kaufte sie sich eine Karte bei einem der kleinen Übungslifte unten im Tal und fuhr im Schneepflug akkurate Bögen in den Schnee – so viel hatte sie gelernt. »Das reicht mir, damit bin ich klücklich! Ich fahre rauf und runter, wie eine Blitz« – zumindest kam es ihr so schnell vor. »Und ich bin den ganze Tag in der Bergluft und im Schnie. Einfach suppär!«

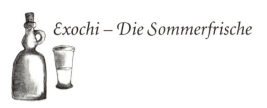

Exochi – Die Sommerfrische

»*Oriste*, bitte sehr«, sagte Tante Meri mit einem triumphierenden Lächeln auf den fuchsiaroten Lippen: »*Melitzanes afrates*, luftige Auberginen«, und präsentierte uns einen Teller gebratener Auberginen, wie wir sie noch nie gesehen, geschweige denn gekostet hatten: hauchzart in Scheiben gehobelt und umgeben von einem gewölbten Teigmantel, so kross wie Kartoffelchips. Sie sahen aus wie kleine Ufos und wirkten leicht, als wollten sie jeden Moment abheben: Meri hatte das Geheimnis der Ufo-Auberginen gelüftet, es hatte sie den ganzen Sommer in der *exochi*, auf dem Land, beschäftigt.

Selbst die traditionelle griechische Küche unterliegt gewissen Moden, die Trendsetter sind die Köche in den angesagten Lokalen. In den *kosmikes tavernes* in Athen, den schicken Restaurants, in denen »der *kosmos*«, also die schicken Leute der Stadt aßen, tanzten und sich amüsierten, wurden die Auberginen urplötzlich nicht mehr in dicke, langweilige Scheiben geschnitten und vor dem Braten achtlos in Mehl gewendet. Sie kamen – man möchte sagen: schwebten – als lockerleicht ausgebackenes Wunderwerk auf den Tisch, und von diesem Moment an waren alle anderen kulinarischen Darreichungsformen der Eierfrucht hoffnungslos »out«.

Tante Meri, Onkel Giorgos und ihre Clique – *ta paidia*, die Kinder, genannt, so wie unabhängig vom Alter alle griechischen Freundeskreise – feierten oft gemeinsam in den *kosmikes tavernes*, wo die luftigen Auberginen als Sensation des Sommers kredenzt wurden. Sie orientierten sich auch sonst an den Regeln dessen, was Athener Schick ausmachte. Ihr ganzer Lebensstil orientierte sich an diesem Schick: die Markenkleidung, die großen Autos, die teuren französischen Privatschulen für das Einzelkind. Denn kultivierte Athener Paare hatten fast grundsätzlich Einzelkinder, wohl um einen Gegenpol zu bilden zu den primitiven Provinzeltern, die von ganzen Scharen kleiner Griechen umgeben waren.

In den Sechziger- und Siebzigerjahren etwa verkauften *ta paidia* allesamt ihre großen Häuser in den ruhigen Bezirken der Stadt und siedelten sich in überteuerten Wohnungen mitten im angesagten Herzen von Athen an, wo das Leben tobte und der Verkehr toste. Selbstverständlich waren all ihre Apartments und Penthäuser mit »Erkondission, Air Condition, und kühlen Marmorfliesen ausgestattet. Dennoch wurde das Innenstadtleben – besonders im Sommer, wo sich die Luft in den schmalen Häuserschluchten auf über vierzig Grad aufheizen konnte – zusehends unerträglich: Das *nefos*, der Smog, hing als dicker, gelblich-grauer Schleier über der weißen Stadt, trübte das gleißende attische Licht, fraß an den jahrtausendealten Säulen und Skulpturen oben auf der Akropolis und nagte an den Nerven. Und alle Bemühungen der Stadtverwaltung, das Abgasaufkommen zu reduzieren, blieben zunächst erfolglos: Als zum Beispiel das Gesetz erlassen wurde, dass Fahrzeuge mit gerader Zahl auf dem Kennzeichen nur abwechselnd mit denen mit ungerader Zahl durch die Straßen Athens kreuzen durften, um den Verkehr zu halbieren, schafften sich die Athener, die es sich leisten konnten (und offenbar waren das eine Menge), flugs Zweitwagen an. Und sorgten dafür, dass ihre Nummernschilder so gestaltet waren, dass immer eines der beiden Fahrzeuge in Bewegung blieb.

Als es in der Stadt gar nicht mehr auszuhalten war, verrammelten *ta paidia* ihre eleganten Zentrumswohnungen, drückten die Schlüssel den Concièrges in die Hand, verabschiedeten sich mit den Worten: »*Yiassas, ke kalo kalokeri,* tschüss und einen schönen Sommer« und flohen wieder an die Grenzen der Stadt, die – wegen rasanten Bauvorkommens – mittlerweile um einige Kilometer weiter nach außen gerückt waren. Dorthin, wo die Luft klar war und das Meer sauber. Wo Pinienbäume dufteten, Zikaden zirpten und eine frische Brise vom Berg ums Haus wehte. Weil aber kein Berufstätiger so lange frei machen konnte, wie ein griechischer Sommer dauert, pendelten die Männer morgens eine gute Stunde mit dem Auto ins Zentrum und abends zurück, und hielten dadurch das Ungeheuer *nefos* am Leben.

Die Frauen aus diesen Kreisen hatten zwar oft studiert – berufstätig waren sie aber in der Regel nicht. So konnten sie sich in der Sommerfrische der Entspannung hingeben. Dazu gehörte das gemeinsame Experimentieren mit Freundinnen in der Küche.

Die größte Küche an der Grenze zur *exochi* – dem Land in den Hügeln oberhalb des kleinen Ortes Agia Marina hinter Varkissa, damals dem letzten südlichen Vorort Athens – besaß Onkel Lefteris, Tante Meris Bruder. Er hatte auch das größte Haus, den größten Garten und die ausladendste, schattigste Terrasse mit den meisten Hollywoodschaukeln – drei an der Zahl. Haus und Terrasse standen auf einem riesigen Betonsockel, auf dem einmal eine großzügige Sommervilla entstehen sollte, die Pläne lagen schon bereit. Noch allerdings bestand Onkel Lefteris' Sommerhaus nur aus einer geräumigen Baracke mit Wellblechdach, denn es gab keine Baugenehmigung für die Hügel oberhalb von Agia Marina. Eigentlich auch nicht für Betonfundamente und behelfsmäßige Sommerhäuschen.

Doch gab es da so eine Regel, nach der bereits bestehende Bebauungen nur in Ausnahmefällen wieder entfernt werden durften. Betonsockel galten bereits als bestehende Bebauung, deswegen ließen alle in Nacht- und Nebelaktionen große Fundamente aufgießen, dann konnten sie sich mit dem Rest alle Zeit der Welt lassen.

Direkt neben Lefteris' Baracke stand die der Tsouridis, die Trauzeugen von Meri und Giorgos waren. Etwas weiter den Berg hinunter stand das Häuschen ihrer Freundin Athina und deren Mann Nikos. Beide winzig, doch auf stattlichen Betonfundamenten errichtet, die ehrgeizige Baupläne ahnen ließen. Ganz oben am Berg hatten Mama und Onkel Michalis Grundstücke erworben, die kurz davor noch schlichte Äcker gewesen waren, und die die Bauern wie warme Semmeln verkauften. Doch noch gab es dort nicht einmal Strom. Einzig Meri und Giorgos besaßen kein Grundstück und mieteten jedes Jahr ein anderes Ferienhäuschen von ansässigen Provinzbewohnern, denn sie hatten den perfekten Platz noch nicht gefunden – vielleicht war es aber auch Giorgos' Position in einer großen Firma, die es ihm gebot, die Hände von Schwarzbauten zu lassen. Die Freunde dagegen waren alle freie Unternehmer.

»Hast du denn gar keine Angst, die Behörden könnten dir eines Tages alles abreißen?«, ließ Papa mich einmal für Onkel Lefteris übersetzen. Denn das war – ein paar Kilometer weiter – durchaus schon vorgekommen.

»*Baaah!*«, sagte Lefteris im Brustton der Überzeugung, was so viel heißt wie »ach was«.

»*Baksissyia*, Bestechung?«, fragte Papa, der sich mittlerweile mit griechischen Gepflogenheiten gut auskannte.

»Nein!!! Wo denkst du hin?«, und Lefteris schüttelte sich vor (etwas zu dick aufgetragener?) Empörung. »Ihr Nordländer denkt immer, wir leben hier *stin zougla,* im Dschungel, und alles ist möglich!«

»Aber sicher hast du *mesa,* Beziehungen!«, sagte Papa unbeirrt.

»Nun, *mesa* – wer hat schon keine *mesa?* Ohne *mesa* kann kein Mensch in diesem Land überleben«, erwiderte Onkel Lefteris, und das stimmt, bedauerlicherweise, auch heute noch: Wer keine Beziehungen hat, kommt in Griechenland schwer zurecht, auch wenn mittlerweile die junge Generation aus Protest dagegen auf die Straße geht, dass die guten Positionen – im Beruf und überall sonst im Leben – immer nur an diejenigen vergeben werden, die über »Vitamin B« verfügen.

Onkel Lefteris allerdings kannte tatsächlich Gott und die Welt, denn er war Beerdigungsunternehmer. »Gestorben wird immer, so ist das nun mal, und zwar in allen Gesellschaftsschichten«, pflegte er zu sagen.

Lefteris hatte üppiges schwarzes Haar, das er akkurat nach hinten kämmte, und eine ebenso dröhnende Stimme wie Onkel Giorgos. Um den Bauch trug er einen kleinen Rettungsring, der von einem genießerischen Lebenswandel kündete. Lefteris gab sich – im Gegensatz zu den übrigen, für griechische Verhältnisse eher zurückhaltenden Athener Freunden – ein wenig derb und ungehobelt. Doch das machte ihn umso beliebter. Manchmal gab er seiner Frau Foto, einer zierlichen Rothaarigen mit Kurzhaarschnitt und Schmollmund, sogar einen Klaps auf den Po, zum Spaß.

Meist kamen alle schon morgens in Lefteris' Haus zusammen und gingen gemeinsam an den Strand. Dann ging es zurück zum Mittagessen bei Lefteris, und die Abende verbrachten alle ohnehin in seinem Haus. Dabei war seine Sommerresidenz alles andere als behaglich eingerichtet – einfache Klappstühle standen auf nacktem Beton, die Glühbirnen hingen kahl von den Wänden, und auf den Tischen lagen simple Plastiktischdecken mit Obstmustern. Wenigstens im Wohnzimmer hatte Foto versucht, ein wenig griechische Gemütlichkeit zu verbreiten, und die Fenstersimse mit Nippes geschmückt: mit kleinen Glasfigürchen und kostümierten Püppchen: Spanierinnen, Holländerinnen, Bayerinnen.

Ta paidia schienen das Provisorium als spaßigen Ausflug zu genießen und gaben sich ihrerseits betont schlicht: Einmal bat Giorgos beispielsweise um Servietten, die waren aber gerade ausgegangen. »Was brauchst du Servietten, Schwager!«, rief Lefteris da nur. »Wir sind doch hier in der *exochi*! Entspann dich!« In der *exochi* trugen die Männer ausgeblichene kurze Hosen und offene Hemden, und die Frauen klapperten mit Holzpantinen über den Betonboden. Die waren allerdings aus dem Strandsortiment der eleganten Boutiquen am Kolonaki und mindestens acht Zentimeter hoch – so viel Stil musste sein.

Unten am Strand lag Onkel Lefteris' kleines Fischerboot, meist waren Papa und Lefteris, der den Sommer über nie zu arbeiten schien, morgens damit hinausgefahren, wenn wir übrigen den Hügel hinuntergelaufen kamen auf dem Weg, der in der prallen Sonne lag.

Die Morgensonne hier schien – von keinerlei Smog gefiltert – so ungeheuer hell, dass wir die Augen zusammenkneifen mussten, und brachte das Wasser türkisblau zum Leuchten. An dem kleinen Sandstrand schwammen die Kinder und die Frauen, die ihre Köpfe hoch über die sanften Wellen herausreckten, um ihre Frisuren nicht zu gefährden. Mit meiner Taucherbrille konnte ich beobachten, dass nicht alle, die so taten, als schwömmen sie, tatsächlich dazu in der Lage waren: Tante Meri und die mollige *koubara*, Trauzeugin, Tsouridis ruderten zwar routiniert mit den Armen – heimlich stießen sie sich aber alle paar Meter mit den Füßen auf dem sandigen Untergrund ab.

Meinen Bruder und mich zog es weiter hinaus ins Tiefe, dort untersuchten wir den Rand der Felsküste, in die der Sandstrand überging, nach Oktopussen. Im Gegensatz zu meinem

Bruder konnte ich allerdings nie welche auf dem Grund ausmachen, deswegen war es meine Aufgabe, den Kescher mitzuführen, während mein Bruder stolz hinter seiner Harpune herschwamm.

Allerdings war ich abgelenkt: Ein Stück über uns, dort, wo die Felsen ein natürliches Rund bildeten, traf sich die ansässige Jugendclique zum Baden. Man hörte Musik und lautes Lachen; ab und an sprang jemand mit Kopfsprung ins Tiefe und kraulte an uns vorbei. Einmal versuchten ein paar Mädchen, gemeinsam einen der Jungen ins Wasser zu befördern; das Ganze endete in einer kreischenden Wasserschlacht. Alle schienen Spaß zu haben. Cousin Stelios und Niki, die Tochter der Tsouridis, waren auch dabei. Nur mich ließen sie zurück bei den Babys, meinem jüngeren Bruder und Sofia und Nikos, den Kindern von Lefteris, die noch nicht einmal zehn Jahre alt waren.

Die Oktopusse, die mein Bruder fing, präparierte dann ich: Vierzigmal musste man sie mit aller Wucht auf den Felsboden schleudern, damit sie ihr Leben aushauchten, und ich tat das mit einer Mischung aus kindlicher Grausamkeit und pubertärer Wut darüber, dass ich den Strandtag mit meinem jüngeren Bruder verbringen musste statt mit der Felsenclique.

Vielleicht lag es an seinem Beruf, dass Onkel Lefteris, der stets mit der Vergänglichkeit des Lebens konfrontiert war, seine Zeit auf Erden ganz besonders auszukosten versuchte: Alle paar Tage, nach dem Abendessen, feierte er ein großes *glendi*, eine Fete, hinten im Wohnzimmer in der *exochi*. Dann trugen die Gäste die kargen Möbel – ein Tischchen und ein paar Sessel – in den Garten unter die Olivenbäume, reihten sich im leeren Zimmer auf und tanzten, was das Zeug hielt.

»Ich kann nicht, ich habe alle Schritte vergessen«, klagte Mama immer zu Anfang. Doch die anderen zogen sie einfach mit, und nach ein paar Takten verfiel sie in den gleichen Trab wie der Rest.

Ab und an kam einer der Erwachsenen nach draußen und ließ sich erschöpft auf eine Hollywoodschaukel fallen. »Deine Mama tanzt, als wäre sie nie weg gewesen«, sagten sie dann, und wir linsten nach hinten, wo die ganze Mannschaft ineinander verhakt durch den Raum trabte, lachend und erhitzt. Meist gab Lefteris den Vortänzer am Kopf der Schlange, und wenn er besonders gut gelaunt war und schon ein paar Gläser Wein intus hatte, rief er: »Foto, bring die Teller!« Die schleuderte er dann auf den Boden. »*Ta spasame*, wir haben sie zerschlagen!«, heißt es, wenn Griechen besonders ausgelassen feiern.

Foto fegte die Scherbenberge zwischendrin immer in eine Ecke, damit keiner sich verletzte, und seufzte ein wenig, weil sie schon wieder nach Athen fahren musste, um neues Geschirr zu besorgen. Und während ihr Mann in der Sommerfrische regelrecht aufblühte, zeichneten sich von Tag zu Tag dunklere Schatten unter ihren Augen ab: Für Foto, die den ganzen Sommer über Gesellschaften zu bewirten hatte, war die *exochi* nicht ganz so erholsam.

Immerhin wurde sie von den anderen Frauen in der Küche unterstützt, gemeinsam versuchten sie, die Urlaubsverköstigung einem möglichst internationalen Niveau anzupassen: »Heute werdet ihr was erleben«, sagte etwa einmal *koubara* Tsouridis und zwinkerte vielsagend. Kurz darauf verteilte sie Crème caramel an die Gäste auf der Terrasse – »die« Nachspeise jener Saison.

Bald darauf wurde der Backofen angeworfen, und die Tanten und ihre Freundinnen buken, allerdings keineswegs griechische Kuchen: Es gab »Cake«.

»Das ist ja Sandkuchen, so wie bei uns!«, sagte mein Bruder, der sich unter »Cake« etwas Exotischeres vorgestellt hatte. Den

Unterschied zur deutschen Variante bemerkte er beim Kosten: »Pappsüß!« Das traf auch auf das selbst gemachte Schokoladeneis zu, mit dem die Tanten experimentierten – schließlich kamen sie darauf, die halbgefrorene Masse mehrmals mit dem Mixer durchzurühren, um die richtige Konsistenz zu bekommen.

Nur die luftigen Auberginen wollten einfach nicht gelingen, sie schmeckten – und sahen aus – wie immer. »Ich weiß den Trick«, sagte eines Tages Foto, und tunkte sie in Eierpampe, bevor sie sie ins heiße Öl gab. Als sie fertig waren, ging sie mit dem Teller durch die Reihen, und jeder musste sich ein Scheibchen herausnehmen.

»Und?«, fragte sie.

»Köstlich!«, sagte Onkel Giorgos und griff sich gleich mehrere.

»Aber sie sind nicht luftig!«, sagte Foto.

Koubara Tsouridis versuchte es auf ihre Weise, indem sie das Mehl mehrfach siebte.

»Ausgezeichnet!«, sagte Giorgos wieder, aber auch diesmal wölbte sich der Teig nicht.

Tante Meri probierte es, indem sie die Scheiben zuerst in Öl tunkte, bevor sie sie in Mehl wendete. Sie versuchte es mit aufgeschlagenem Eiweiß und mit Pfannkuchenteig. Sie versuchte es, auf Mamas Anraten, mit Weißbrotpannade, so dass eine Art Auberginen-Wienerschnitzel entstand.

»Das sind bisher die Allerbesten«, schwärmte Onkel Giorgos, die Frauen allerdings beachteten ihn nicht weiter – es war klar, dass ihm der Sinn des Experimentes entging.

Eines Tages kehrte Meri mit einem vielsagenden Lächeln vom Einkauf in Varkissa zurück.

»*Paidia*«, sagte sie: »Ich hab's: *Baikin pauder!*« Das bedeutete »baking powder«, wie das Backpulver in jenen Zeiten und jenen Kreisen genannt wurde (statt, wie früher in Griechenland, einfach *soda*).

Nach einer Prise davon im Mehl bildete sich – endlich! – die krosse Ufokruste über den Gemüsescheiben. Nur Giorgos wollte nicht mehr kosten – von Auberginen hatte er eine Zeitlang die Nase voll.

Wenn die Männer wochentags von der Arbeit eintrafen, gönnten sie sich zuallererst ein *ouiskaki* – ein Whiskylein. Zum Essen gab es ein *krasaki* oder eine *biritza*, ein Weinchen oder ein Bierchen, und als Digestiv manchmal einen Cognac der griechischen Marke »Metaxa« – den mit den fünf Sternen, der galt als hochwertiger als die teurere siebensternige Variante. Wirklich betrunken habe ich allerdings nie jemanden der griechischen Familie und der Freunde erlebt – an sich trinken die Griechen eher moderat, mit den Mengen an Bier und Wein, die Deutsche konsumieren, können sie nicht mithalten. Sie sind auch so lustig genug.

In Varkissa gab es einen »Nightclub«, eine Disko. Seit Tagen sprachen die Erwachsenen davon, dass sie den Laden ansteuern wollten. Samstagnacht war es so weit: Die Frauen tauschten ihre bunten Baumwollkleider und Schlappen gegen Plateausandalen und Siebzigerjahre-Hippieröcke, die Männer zogen sich lange Hosen an, auch Stelios machte sich schick und erschien, statt im Lacoste-Polo, im weißen Hemd. Klarer Fall, dass ich mich voll in Schale warf, doch Papa sagte nur: »Das ist keine Stranddisko, sondern ein richtiger Nachtclub. Kinder lassen sie da nicht rein.« Ich nahm dies als größtmögliche Kränkung auf.

Dass Stelios nicht bereit war, mich wenigstens tagsüber mit zur Felsenbucht zu nehmen, machte die Sache noch schlimmer. Dabei war er nur ein paar Jahre älter als ich – aus seiner Sicht waren es allerdings offenbar Jahrzehnte.

Stelios war in letzter Zeit hoch aufgeschossen und richtiggehend schlank geworden, er trug, anders als früher, auch keine Brille mehr, sondern Kontaktlinsen. Insgesamt verstanden wir uns jetzt besser: Er überspielte mir seine Barry-White-Kassetten (die ich dankend annahm, obwohl ich die Musik gar nicht mochte), und manchmal spielten wir gemeinsam Federball. Doch wenn Tante Meri ihn bat, mich endlich zum Baden mitzunehmen, reagierte er regelrecht empört: »*Aman, Mama*!!!«

Stelios war nämlich zwar das älteste Kind in der Familie, unten in der Strandclique war er aber einer der jüngsten. Niki, die hübsche Tochter der Tsouridis, die zwei Jahre älter war als er, hatte ihn jüngst erst unten ihren Freunden vorgestellt, und er wollte wohl sein Standing nicht dadurch gefährden, dass er mit seiner kleinen Cousine aufkreuzte.

Tante Meri litt mit mir und versuchte mich zu trösten: Abends glättete sie mir mit ihrem Lockenstab die Mähne und drehte die Seitenlängen zur Außenwelle, so wie Farrah Fawcett in »Drei Engel für Charlie« ihr Haar trug, und behauptete, mit dieser Frisur würde ich mindestens wie zwanzig aussehen.

Einmal saßen wir zwei in der Abendsonne vor ihrem Mietshäuschen am Tisch unter Pistazienbäumen und warteten, dass unser Nagellack trocknete – Meris war selbstredend fuchsiafarben, meiner perlmuttweiß. Ich war wieder frustriert, weil Stelios ohne mich abgezogen war, um sich unten mit den anderen an einem *Souvlakia*-Stand zu treffen.

Da schien Meri plötzlich eine Idee zu haben: »So, und jetzt rauchen wir eine zusammen«, sagte sie.

»Aber, Tante Meri: Du rauchst doch gar nicht!«, erwiderte ich.

»Heute schon. Und dass du heimlich hinter dem Haus geraucht hast, weiß ich auch. Aber das bleibt unser Geheimnis, ich verrate niemandem ein Wort«, sagte Meri. »Also, wo hast du die Zigaretten versteckt?«

Sie zog viel zu heftig an dem Filter und stieß den Rauch immer gleich in die Luft, ohne ihn zu inhalieren, so dass wir bald in dicke Qualmwolken gehüllt dasaßen. Dabei zwinkerte sie mir verschwörerisch zu. Sie wollte erreichen, dass ich mich anerkannt und erwachsen fühlte. Es war ein ziemlich durchsichtiges Manöver – gerührt war ich trotzdem.

»Jetzt habe ich auch eine Idee, wie wir dich zu den *paidia* an den Strand bekommen«, sagte Meri, und es war klar, dass sie nicht die kleinen Kinder am Sandstreifen meinte.

Es war ganz einfach: Sie sprach mit ihrer *koubara*, die sprach mit ihrer Tochter Niki, und am nächsten Tag schon sprang ich mit ihr die Felsen entlang zur Felsenbucht. Niki hatte gar nichts dagegen, sich von mir begleiten zu lassen – sie studierte bereits, die Jugendgruppe am Strand war ihr eher unwichtig. »Du wirst sehen, das ist gar nichts Besonderes da hinten«, sagte sie. »Meistens ist es ziemlich langweilig.«

Für mich nicht – und das lag hauptsächlich an Adonis.

Adonis war über zwanzig, er trug einen schwarzen Bart und hatte schwarzes, für griechische Verhältnisse langes Haar, und plötzlich fand ich Schwarzhaarige wahnsinnig attraktiv. Ich verlor mein Herz beim ersten geschickten Kompliment: »Was, du bist erst vierzehn – ich hätte dich auf mindestens siebzehn geschätzt!«

Adonis tauchte für mich nach Muscheln, er cremte mir den Rücken ein. Er nannte mich *neraida*, Nixe, und summte griechische Lieder, in denen mein Name oder das Wort Seejungfrau vorkam. Kurz: Er machte mir zum Zeitvertreib ein wenig den Hof. Es war nur ein unverfänglicher kleiner Flirt, ich aber fühlte mich, als wäre ich im Olymp der Erwachsenen angekommen. Allein schon, dass jemand wie Adonis, Bartträger, mir von seinen Zigaretten abgab, mir Cola von der Strandbar mitbrachte und sich mit mir über Filme und Platten unterhielt, war geradezu unerhört und reichte schon aus, mich in Hochstimmung zu versetzen. Ich konnte ihm stundenlang zuhören. Selbst wenn er nicht vor sich hinsummte, sondern sprach, klang seine Stimme wie Gesang. Fand ich zumindest. Mein Sommer war gerettet. In der Zeit, in der Adonis und ich uns nicht unterhielten, träumte ich versonnen vor mich hin und malte mir aus, wie ich Anna und den Freundinnen in Deutschland meine Bekanntschaft mit einem Studenten schilderte – auch wenn ich nicht richtig kapierte, was Adonis studierte. Irgendwas mit Technik und *Ekonomia*.

Stelios saß nur ein paar Meter weiter mit den Jüngeren der Gruppe zusammen. Die gingen alle noch zur Schule. Wir ignorierten einander die ganze Zeit über und sprachen am Felsstrand kein Wort miteinander. Doch nun nahm er mich ganz selbstverständlich mit, wenn alle sich abends vor dem *souvlatzidiko* trafen.

Einmal verabredeten wir uns früh morgens zur Oktopusjagd, außer mir und Adonis waren noch Niki und zwei weitere Studenten dabei. Niki harpunierte zwei Tiere, Adonis eines. Die anderen erwischten ein paar ordentliche Fische. Nur ich konnte die Beute wieder einmal nicht rechtzeitig auf dem Meeresgrund ausmachen (ein paar Monate später diagnostizierte der Augenarzt bei mir Kurzsichtigkeit), dafür punktete ich beim Oktopusschleudern, und die andern waren ganz baff, weil ich die Meerestiere so effizient erledigte. Aber darin hatte ich ja bereits Routine.

Zum Frappétrinken nach Varkissa durfte ich nie mit, auch nicht in die Disko, denn dazu hätte ich auf einem Moped mitfahren müssen – Papa war strikt dagegen. Damit konnte ich leben. Meine Laune war vom absoluten Tiefpunkt auf Spitzenwerte hinaufgeschnellt, ich war derart gut drauf, dass ich mich sogar wieder mit den Jüngeren abgab. Wir spielten Ball und manchmal jagten wir die Kaninchen, die die Familie Tsouridis in ihrem Garten hielt.

An den Wochenenden kam eine besonders große Runde zusammen – Onkel Michalis und Tante Matina mit Anna und

Alexis waren oft dabei und noch viele andere Freunde und Verwandte, und auch aus der Nachbarschaft gesellten sich viele dazu.

Besonders beeindruckt waren mein Bruder und ich von Tante Meris Freundin und Etagennachbarin aus Athen, Effi – mein Bruder konnte nicht aufhören, sie anzustarren: »Die sieht aus wie die Saloonbesitzerin bei Bonanza!«

Effi war üppig gebaut und trug das rotblonde Haar in einer aufgetürmten Hochfrisur. Ihr Gesicht wirkte wie einbetoniert in beigefarbenes Make-up, die Lippen waren grellrot geschminkt, das fleischige Doppelkinn zierte eine große braune Warze. Darunter baumelten reihenweise Perlenketten, und in der Hand hielt sie eine unablässig qualmende Zigarettenspitze. Der Dauerrauch hatte bereits ihre Stimme moduliert: Sie klang tief und heiser wie die eines alten Mannes.

Effi bewegte sich langsam die Verandatreppe nach oben und ließ sich auf einen Klappstuhl fallen. »Nikos«, brummte sie ihrem Mann – einem zart gebauten kleinen Herrn mit feinen Gesichtszügen – zu: »Bring die Karten!«

»*Ooch*«, raunten sich Onkel Michalis und Onkel Giorgos zu, die, ebenso wie Mama, Kartenspiele verabscheuten.

Bald versammelten sich die Übrigen um Effi und Nikos zum Poker. Die Runde, sonst ausgelassen und fröhlich, saß nun mit zusammengekniffenen Augen am Tisch, manchmal wurde laut geflucht: Man spielte um Geld.

»Das kann die ganze Nacht so gehen«, erklärte uns Onkel Michalis. Also verbrachte er den Abend mit seinen Geschwistern sowie Matina und Papa, die ebenfalls dem Kartenspiel nicht zugetan waren. Sie schwangen plaudernd auf der Hollywoodschaukel hin und her und machten ihre Späßchen: »Pass nur auf, dass deine Frau eure Wohnung nicht verspielt«, sagte Matina zu Giorgos, und der jammerte: »*Sto dialo,* zum Teufel, Effi liegt schon wieder vorne!«

Wenn am Wochenende besonders viele Kinder zusammenkamen, spielten wir Verstecken in den hügeligen Feldern, den Olivenhainen und Baustellen benachbarter Sommerfrischler, und alle – die Kleinen wie Sofia und sogar die Älteren wie Stelios – machten mit.

Kamen Nachbarn des Wegs, hielten sie manchmal eines der Kinder an, um ihm zu gratulieren: »*Christo, bravo!*«, hieß es dann. »Ich habe gehört, du warst Jahrgangsbester in Mathematik, ftuftuftu. Deine Eltern können stolz auf dich sein.« Oder man raunte uns zu: »Seht ihr die kleine Alexandra da drüben? Sie hatte dieses Jahr das beste Zeugnis an ihrer Schule. *Bravo, bravo!*«

Mein Bruder und ich verdrehten bei solchen Lobhudeleien die Augen: Wir kannten das schon. Egal, wo uns in Griechenland Kinder oder Jugendliche vorgestellt wurden – immer kamen solche Sätze: »Das ist Andreas, gib ihm die Hand, er ist Klassenbester.« Oder: »Kennt ihr schon Aliki? Sie hat dieses Jahr das beste Abitur Athens gemacht. Dabei ist sie erst sechzehn. Sie hat eine Klasse übersprungen. *Sicharitiria*, Gratulation.« Mama wand sich dann immer ein wenig und grinste verkrampft: Mein Bruder und ich waren definitiv nicht Klassenbeste. In jenem Jahr war ich sogar Klassenschlechteste: Ich war sitzengeblieben. Und mein Bruder litt an einer Rechtschreibschwäche.

Wir waren allerdings auch nicht so fleißig wie die griechischen Schüler und verbrachten unsere Freizeit lieber draußen, wo ich immer noch mit den Jugendlichen der Siedlung bei den Tischtennisplatten herumhing, während mein Bruder den Tag damit zubrachte, mit dem Rad die Hügel in der benachbarten Kiesgrube hinunterzurasen. Außerdem gab es bei uns keine *frondistiria*. Das waren Nachhilfeinstitute, in denen viele griechische Kinder all ihre Nachmittage verbringen mussten. Nach dem Abitur hockten sie immer noch jeden Tag im *frondistirio*, denn es galt, sich für die Aufnahmeprüfungen an der Uni vorzubereiten. »Das sind doch alles Streber«, sagte mein Bruder abfällig. »Die können ja nicht mal ordentlich Rad fahren. Außerdem«, und da musste ich ihm Recht geben: »das gibt's doch nicht, dass alle Klassenbeste sind. Da stimmt doch was nicht!«

Besonders unsympathisch war uns ein junges Mädchen, das gegen Ende unseres Urlaubs aus England ankam, wo es bereits sein Biologie-Studium abgeschlossen hatte: mit zwanzig! Wir konnten die Studentin schon nicht ausstehen, bevor wir sie überhaupt kennen gelernt hatten, denn ihre Eltern prahlten bei jedem Zusammentreffen mit ihr. Sie war die Anführerin aller Klassenbesten und galt als regelrechtes Genie. Natürlich hatte sie Klassen übersprungen, und natürlich war ihr Abschluss sensationell.

Sie saß, die blassen Beine hochgelegt, auf der Veranda schräg gegenüber von Onkel Lefteris und blätterte in einer Zeitschrift.

»Kennt ihr schon Kiki?«, fragte Stelios. Kiki beugte sich, deutlich gelangweilt, zu mir und gab mir Küsschen auf beide Wangen – das war so üblich, auch zwischen Fremden. »*Ti kanis, koritzaki*, wie geht's, Mädchen?«, fragte sie schläfrig mit einer babyhaften Piepsstimme. *Koritzaki!* Das sagte man zu Kleinkindern.

»Das ist also Superhirn!«, prustete mein Bruder später heraus und sprach den ganzen Abend nur noch mit Piepsstimme. »Wie heißt sie, Kiki? Oder Piepsi?« Und wir schüttelten uns aus vor Lachen.

Am nächsten Morgen – es war unser letzter in der Sommerfrische – hatte ich ein Kärtchen mit meiner Münchner Adresse in der Badetasche, denn Adonis hatte einmal erwähnt, dass er vielleicht im Winter Deutschland bereisen wollte. Wie immer sah ich ihn schon von weitem auf seinem angestammten Platz sitzen. Ganz nah bei ihm aber war eine fremde Bastmatte ausgerollt, darauf lag ein blasses Mädchen: Piepsi.

Sie sprachen von Liverpool, wo sie studiert hatte, und von der Schule in Athen, die sie beide besucht hatten, und erst nach einer Ewigkeit bemerkten sie mich.

»*Na tin xadelfoula tou Steliou*, da ist ja Stelios' Cousinchen« sagte Adonis, und plötzlich fand ich den Singsang in seiner Stimme affektiert und albern. »*Kalimera, koritzaki*«, sagte Kiki.

Abends hinter dem Haus von Meri und Giorgos, als ich in der Tasche nach meinen Zigaretten kramte, fiel mir das Kärtchen wieder in die Hand. Es landete, in pubertärem Pathos zerrissen, in dem Loch, in dem ich immer die Kippen vergrub.

Schnitzel mit Feta

Tante Meri trug ihren Nerz über den Schultern, es war schließlich erst Ende April. Papa ließ ihre beiden Koffer im Gang fallen und machte ein Gesicht, als wären sie mit Steinen gefüllt gewesen (tatsächlich waren Geschenke darin – keine Griechin würde je verreisen, ohne die Gastfamilie mit Präsenten zu überhäufen, die den Weihnachtsmann hätten blass aussehen lassen). Dann ergoss sich die Begrüßung mit unzähligen fuchsiafarbenen Küsschen und saftigen Ftuftuftus über uns, und schließlich schritten wir zur Wohnungsführung voran. Sie startete – wie stets, wenn sich griechischer Besuch angemeldet hatte – bei der größten Attraktion: der Aussicht vom Balkon.

Meri trat mit ungläubigen Augen nach draußen und gab Begeisterungslaute von sich: »*Popopo!*« (Was übersetzbar ist mit »Wahnsinn« oder »großartig«.) Dann schwieg sie andächtig, atmete tief ein und ließ den Blick über die Grünanlage schweifen – die haushohen Pappeln und Birken, die sich im Wind wiegten, die üppigen Sträucher bei den Spielplätzen, die sattgrün leuchtenden Wiesen mit den Gänseblümchen und himmelblauen Gewitterblumen.

»Schöner als *Edem*, Eden!«, seufzte sie dann. Gemeint war allerdings nicht der Garten Eden – jedenfalls nicht der im Himmel –, sondern der gleichnamige grüne Villenvorort Athens, wo emsige Gärtner die Anlagen der Reichen pflegen und unablässig die Wassersprenkler tuckern. Üppiges Grün assoziieren Griechen mit Wohlstand – auch wenn sie eigentlich wissen, dass die im Süden teuren Bewässerungsmaßnahmen bei uns vom Gratisregen erledigt werden. Trotzdem waren sie immer aufs Neue beeindruckt. »Maria, du wohnst ja im Paradies!«

Als meine Tante sich schließlich umdrehte, um unsere Wohnung genauer in Augenschein zu nehmen, wich die Begeisterung plötzlicher Ernüchterung, und Meri musste mit den Worten ringen und sich mehrmals räuspern, bis sie schließlich ein halbwegs anerkennendes »Sehr modern!« herausbrachte. Wir kannten auch heftigere Reaktionen, wie die von Mamas Cousine Eleni: »Eure Wohnung ist ja ganz leer!« Denn es gab bei uns keine Statuetten und Standuhren, keine Deckchen, Vasen und Figürchen, also keinerlei Nippes, wie Griechen ihn lieben. Meine Eltern favorisierten einen schlichten Einrichtungsstil: ein Sofa, reduzierte weiße Regale, ein zweckmäßiger Holztisch und kahle, dänische Designerstühle (ohne Kissen), dazu ein paar grafische Drucke an den Wänden – das war unsere ganze Einrichtung. Auf die Besucher aus dem Süden wirkte unser Stil, als wären wir gerade erst eingezogen.

In den Siebzigerjahren schafften sich meine Eltern zudem riesige griechische Flokatiteppiche an, die sie in der ganzen Wohnung auslegten, doch auf diese Behaglichkeit reagierten die südländischen Besucher mit noch mehr Befremden – kein Mensch in Athen hätte sich billige Flokatis, wie sie die Schafhirten benutzten, in die gute Stube gelegt, nicht einmal damals, als diese überall – außer in Griechenland – im Trend lagen. Griechen lieben Statussymbole und statten ihre Wohnungen möglichst protzig aus, mit teuren Spiegeln, Anrichten aus poliertem dunklen Holz und wertvollen Orientteppichen. Hauptsache, alles sieht teuer aus, Understatement ist ihre Sache nicht. Hätten wir nicht luxuriös im Grünen gewohnt – die griechische Verwandtschaft hätte uns wahrscheinlich bemitleidet.

Abgesehen von dem vielen Grün waren die griechischen Besucher beim allerersten Mal immer absolut beeindruckt von der Sauberkeit in Deutschland: von den blitzenden Gaststättentoiletten, den ordentlich renovierten Häusern, an denen keine Schmierereien und keine Plakate prangten, sowie den Straßen und Gehwegen, die nicht von Schlaglöchern verunziert waren. »Nicht zu vergleichen mit den schrecklichen Zuständen bei uns, wo jeder seinen Müll auf den Boden wirft«, sagte Tante Meri und schwärmte: »Großartig, wie gepflegt hier alles ist.« Allerdings hielt ihre Begeisterung – wie bei allen griechischen Deutschlandneulingen – nur so lange an, bis sie das erste Mal in Hundekacke trat.

Kopfschüttelnd streifte Tante Meri ihre Schuhe vor der Eingangstür ab und empörte sich: »*Skata*, Scheiße! – ausgerechnet in Deutschland! Und da heißt es immer, die Deutschen wären ein sauberes Volk. Dabei lassen sie überall ihre Hunde hinmachen!« Mama wand sich ein wenig, als schämte sie sich für die Deutschen: »Das mit dem Hundekot ist kein großes Problem, es regnet hier ja so oft«, sagte sie. »Der viele Regen spült den Dreck immer wieder weg.« Es klang ein wenig lahm – sie hatte selbst so ihre Probleme mit den deutschen Hunden und ihren Haltern. Zum Beispiel mit den alten Damen, die sich immer beschwerten, wenn Kinder zum Pinkeln in die Büsche bei den Spielplätzen gingen. »Und dann lassen dieselben Frauen ihre Hunde überall in der Wiese Hundechaufen machen, und die armen Kiender treten rein und alles ist voller Baktärien!« Doch vor den griechischen Besuchern hielt sie sich mit solcher Kritik zurück. Onkel Michalis freilich hätte die Verwandten vorwarnen können, er war ja bereits ein alter Deutschlandexperte, denn er besuchte uns fast jährlich – er zog es offenbar vor, sie ihre eigenen Erfahrungen machen zu lassen.

Michalis kannte das Problem mit den Hunden schon von seiner allerersten Deutschlandreise. Damals war Mama gerade erst nach München gezogen, und er hatte vor, ebenfalls in Deutschland zu bleiben und sich hier ein Studium durch Jobs zu finanzieren – Ende der Fünfzigerjahre gab es bereits eine Menge Jobs, und so mussten Studenten (anders als in Athen) ihren Eltern nicht auf der Tasche liegen.

Das nette Ehepaar in München-Pasing, bei dem meine Mutter eine Dachkammer mit Klavier gemietet hatte, organisierte für Michalis eine Stelle beim Bau. Dort musste er den ganzen Tag Zementsäcke schleppen. Onkel Michalis aber war harte körperliche Arbeit nicht gewohnt, abends schmerzten ihm der Rücken, die Beine, die Arme, jede Faser seines Körpers. Ans Studieren, ja selbst ans Deutschlernen, war nicht zu denken: In seiner Freizeit konnte Michalis nichts anderes tun als schlafen. Auch waren die derben Kollegen auf dem Bau nicht gerade zuvorkommend gegenüber dem schmalbrüstigen Griechen, der nur ein paar Brocken ihrer Sprache konnte und der bei jedem Sack, den er transportierte, zusammenzubrechen drohte und so alle aufhielt.

Michalis' Wirtsleute setzten dem Unbehagen noch die Krone auf, sie fanden nämlich, der junge Untermieter aus dem Ausland verbrauche zu viel Strom. Denn manchmal, wenn Michalis nach der harten Arbeit auf dem Bau in sein Bett fiel, war er so müde, dass er es nicht einmal mehr schaffte, das Licht auszumachen. Die Lampe brannte die ganze Nacht, und bald meckerte seine Vermieterin, die den Verbrauch akkurat am Stromzähler nachgewiesen hatte, und verlangte mehr Miete. »Dabei waren das nur ein paar lächerliche Pfennige«, sagte mein Onkel. Doch die Vermieterin machte eine große Sache daraus und schimpfte tagelang über den Strom verschwendenden Griechen. »So waren die Deutschen damals«, sagte Onkel Michalis. »Kleinlich.«

Weil er als Großstadtgrieche nicht gewohnt war, beim Gehen auf den Boden zu blicken, um dem Kot auszuweichen (in

Athen kam die Hundehaltung erst einige Jahrzehnte später in Mode), trat er außerdem permanent in große, hässliche Hundehaufen, so dass die Vermieterin wieder fluchte. Kurz: Mein Onkel fühlte sich alles andere als wohl in Deutschland.

Dann verreisten Mamas Wirtsleute übers Wochenende und beauftragten sie, in der Zwischenzeit ihren Hund zu versorgen. Es handelte sich um eine Spanieldame von so edlem Geblüt, dass sie auf Hundeausstellungen vorgeführt werden sollte. Und sie war läufig. Irgendwann einmal sollte sie von einem standesgleichen Rüden gedeckt und die Nachkommenschaft teuer verkauft werden. Doch keinesfalls durften hergelaufene Köter das edle Tier bespringen – sollte Bella (so hieß die Hundedame) von einem beliebigen Dackel oder Schäferhund aus der Nachbarschaft trächtig werden, dann hätte sie ihren Wert verloren, und die Besitzer hätten sie einschläfern lassen. »Darum, Maria: Passen Sie gut auf Bella auf!«, instruierten die Wirtsleute meine Mutter.

Mama hatte Angst vor Hunden, sogar vor der gutmütigen Bella. Für sie war es schon ein Problem, dem Tier das Halsband anzulegen. Wenn sie es endlich geschafft hatte und mit dem Hund Gassi ging, wurde Bella von einer Schar Verehrern verfolgt, Dackeln und Terriern, Schäferhunden und einem alten grauen Pudel. Der feurigste Freier aber war ein riesiger schwarzer Mischling, der der jungen Bella den ganzen Tag an der Haustür auflauerte. In ihrer Not bat Mama ihren Bruder, ihr beim Gassi führen zu helfen.

Michalis schaffte es, die fremden Hunde mit lauten Rufen (und ein paar kleinen geschleuderten Steinen) zu verscheuchen, und irgendwann erreichten Mama und er unbehelligt den Lebensmittelladen in der Nachbarschaft. »Soll ich draußen mit dem Hund Wache halten?«, fragte Michalis, doch die Luft schien rein, also entschieden die beiden, die Hündin einfach nur anzuleinen.

Als sie das Geschäft wieder verließen, war Bella nicht mehr allein: Der Schwarze war auch da und machte sich bereits in eindeutiger Position an ihr zu schaffen.

»Um Gottes willen, was sollen wir jetzt tun?!«, schrie Mama. »Wenn sie schwanger wird, bringen sie sie um!« Das wollten mein Onkel und meine Mutter auf keinen Fall. Außerdem wollte Mama sich des Vertrauens der Wirtsleute ja nicht als unwürdig erweisen.

Also zerrte Mama an Bella, die plötzlich gar nicht mehr gutmütig war und ärgerlich knurrte, und der Onkel zerrte an dem Schwarzen, der ausgesprochen ungemütlich wurde und Michalis in den Arm biss, so dass dieser den Rest des Tages in der Krankenhausambulanz verbrachte. Da endlich hatte er definitiv keine Lust mehr, weiterhin in Deutschland zu bleiben.

Diese Entscheidung stand schon fest, als Michalis eines Tages im Postamt in der Schlange stand, vor ihm eine deutsche Familie, bestehend aus Vater, Mutter, Kind und Pudel. Der Pudel trug ein gehäkeltes Hundekleidchen gegen die Kälte, schon der Anblick machte Michalis, der fand, dass Hunde in Deutschland besser behandelt wurden als Menschen (und insbesondere als junge Ausländer, die sich ihr Studium finanzieren wollten), aggressiv. Plötzlich leckte der Pudel dem kleinen Jungen auch noch die Wange ab, »mit seiner bakterienverseuchten Zunge, mit der er anderen Hunden am Po rumschleckt!«, erzählte Michalis immer und schüttelte sich dabei. Die Eltern des Jungen lächelten nur dazu und hatten gar nichts dagegen. Da entlud sich die ganze Wut meines Onkels auf die Deutschen im Allgemeinen und ihre Hunde im Speziellen gegen den Pudel, und in einem unbeobachteten Augenblick trat er nach dem Tier.

Einer hatte den Vorgang aber doch bemerkt: der kleine Junge. »Nie werde ich seinen Gesichtsausdruck vergessen«, erzählte uns Onkel Michalis und lachte noch Jahrzehnte später darüber. »Er war so baff, dass er keinen Laut herausbrachte. Dass jemand einen Hund tritt, hatte er noch nie erlebt! Hunde sind ja die Könige in Deutschland«, meinte der Onkel. Bis heute freut er sich darüber, sich dem hundeverehrenden System widersetzt zu haben.

Mittlerweile hatte Michalis sich allerdings mit Deutschland ausgesöhnt, er fand, dass die Deutschen viel lockerer geworden seien. »Die Generation von damals – die gibt es nicht mehr, zum Glück!«, sagte er. »Die Deutschen früher waren ein kaltes, verklemmtes Volk. Keine Lebensfreude!« Die modernen Deutschen, findet mein Onkel, sind *orei anthropi*, tolle Leute, sie wissen ihr Leben zu genießen. Zu verdanken hätten sie dies, nicht zuletzt, ihren südländischen Nachbarn: »Sie sind nach Italien gereist, nach Spanien und Griechenland, und da haben sie gesehen, dass das Leben nicht nur aus Arbeit besteht. Sie haben die südländische Mentalität kennen gelernt und gesehen, wie die Südländer feiern und genießen können. Und dann haben sie diese Lebenseinstellung importiert. Das zeugt doch von Offenheit!« Und das Beste wäre: Ihren Fleiß und ihre Ordnungsliebe hätten sie sich dennoch bewahrt. Deshalb erschien Deutschland meinem Onkel geradezu als das ideale Land.

Dort, wo es am deutschesten war, gefiel es ihm naturgemäß am besten, das war wohl der Exotikeffekt. Wenn wir bei einem Spaziergang an einem Häuschen mit Gartenzwergen und akkuraten Blumenrabatten vorbeikamen, blieb Michalis fasziniert stehen: »Seht euch das an! Mit welcher Liebe und Ordnung die Leute hier ihren kleinen Garten pflegen! Kein Grashalm ist länger als der andere. Und die Terrasse sieht aus, als würde sie dreimal am Tag gefegt. *Nikokirei anthropi*, ordentliche Leute, diese Deutschen!«

»Aber Onkel, das ist doch total spießig hier«, erwiderten dann mein Bruder und ich, aber da schüttelte er den Kopf:

»Was soll denn daran schlecht sein, wenn jemand seinen Garten pflegt?! Und seht nur die lustigen Figuren. Typisch deutsch!« Er meinte die Zwerge. »Bevor wir abfahren, müsst ihr mich in ein Geschäft bringen, wo wir solche Figuren kaufen können.«

Einkaufen war tatsächlich die Hauptbeschäftigung der griechischen Besucher und insbesondere der Besucherinnen, und das bereits lange, bevor sich die Tätigkeit »Shopping« als internationales Hobby etabliert hatte. Schon in den Morgenstunden zog beispielsweise Meri mit Mama in die Innenstadt, um dann erst am Abend mit prall gefüllten Plastiktüten und schmerzenden Füßen nach Hause zurückzukehren. Gleich am nächsten Tag marschierten sie wieder in aller Frühe los. »Es ist, als gäbe es in Athen keine Geschäfte«, amüsierte sich Papa, der die weiblichen Beweggründe nicht ganz nachvollziehen konnte. Denn natürlich gab es in Athen Geschäfte, sowohl teure als auch billige. Der Reiz bestand darin, etwas zu erwerben, was in Athen keiner hatte.

Nicht nur in Bezug auf die Einrichtung ist das Repräsentieren in Griechenland fast noch wichtiger als hierzulande: Markenkleidung ist in Griechenland geradezu ein Muss. Zudem gilt alles als besonders schick, was aus dem Ausland kommt; allein schon die Bemerkung: »Ach, dieses Kleid? Das habe ich in *Monacho* gekauft!« kommt gut an (wenn auch vielleicht nicht ganz so gut, wie wenn es *Londino, Parissi* oder *Nea Yorki* – London, Paris, New York – gewesen wäre. Aber immerhin).

Außerdem konnten Meri und all die anderen Tanten – Mamas Cousinen, alte Schulfreundinnen, die Schwägerinnen und die Töchter der Nachbarinnen aus der Drapezona in Piräus und wer auch immer uns besuchte – bei uns ungeniert an den Grabbeltischen in der reduzierten Ware wühlen und bei den Sonderangeboten in Billigkaufhäusern zuschlagen. Es sah ja keiner, außer den Deutschen natürlich. »In Athen möchte ich mich nicht mit einem griechischen Sonderangebot am Leib blicken lassen«, sagte Tante Meri, »denn das trägt dann vielleicht auch meine Putzfrau.« Das wäre natürlich gar nicht gegangen. Bei deutscher Kaufhausware konnte das kaum passieren, und deswegen verbrachten die Tanten ganze Tage bei Seh un Aaah, wo sie sich mit allem Erdenklichen – von der Kittelschürze bis zum Abendkleid – eindeckten.

Wenn sie alles Nötige für sich erworben hatten, zogen sie wieder los, um Geschenke für Daheimgebliebene zu kaufen. Es wäre undenkbar gewesen, den Großeltern, den Eltern und den Schwiegereltern, den Geschwistern, den Cousinen, den Neffen und Nichten und den besten Freundinnen nichts mitzubringen. So artete das Shoppen in Deutschland zur harten Arbeit aus, und diejenigen, die nicht mit dem Wagen gekommen waren, zahlten am Flughafen wegen Übergepäcks locker doppelt so viel, wie sie durch die Schnäppchenware eingespart hatten.

Mittags führte Mama die Besucher immer in der Innenstadt zum Essen aus, abends aber kochte sie selbst – natürlich nur deutsch, wie sie es gewohnt war. All unsere griechischen Verwandten mochten die deutsche Küche. Je herzhafter, desto beliebter waren die Speisen. Bei dem Wort »Wurste« bekamen sie glänzende Augen, »Sssweinebraten« ließ sie strahlen, von »Knoddeln« (Knödeln) waren sie begeistert. Mama schmorte außerdem Rindsrouladen, sie briet Kartoffeln, sie füllte große Teller mit Cordon bleu und riesige Schüsseln mit Champignons in Sahnesoße. Das beliebteste Gericht allerdings waren »Snitzel« mit Kartoffelsalat, davon konnten die Verwandten nicht genug bekommen. Irgendwann ging Mama dazu über, zu jeder Mahlzeit einen großen Servierteller voller Schnitzel zu reichen, mal naturell, mal in Panade. Dann ging immer ein verzücktes Ahhh durch die Runde: »Die Deutschen sind *kalofagades*, Leckermäuler«, schwärmten Tante Meri, Cousine Eleni und alle die anderen, und Onkel Michalis sowieso: »Die wissen, wie man sich's gut gehen lässt.«

Die Griechen mochten auch die deutsche Salami und den Schinken, nur mit manchen der bei uns geläufigen Käsesorten hatten sie so ihre Probleme – zum Beispiel mit Camembert: »Riecht abgestanden, wie alte Wäsche«, fand Tante Matina und rümpfte die Nase. »Kommt aber gar nicht aus Deutschland, sondern aus Frankreich«, sagte Mama schnell, die aus unerfindlichen Gründen immer bemüht war, die Deutschen gut dastehen zu lassen.

Eine Sache vermissten die Besucher allerdings: Feta-Käse. Ohne Feta, der in Griechenland zu allen möglichen Mahlzeiten und Zwischenmahlzeiten gereicht wird, schienen sie Entzugserscheinungen zu bekommen. Nur leider stand solcher Käse zur Zeit meiner Kindheit und Jugend noch nicht ganz selbstverständlich in deutschen Kühlregalen, auch gab es kaum türkische Lebensmittelgeschäfte. Schließlich entdeckte Mama bulgarischen Schafskäse in der Feinkostabteilung bei Hertie, wo sie Riesenstücke davon erwarb, die unsere Verwandtschaft sich zum Frühstück, zum Nachmittagskaffee und abends zum »Snitzel« einverleibte, und alle schwärmten: »Wer hätte gedacht, dass die Bulgaren so köstlichen Feta machen! Ganz wie bei uns zu Hause.«

Die Griechen mochten auch unseren Kaffee, Filterkaffee, der in Griechenland in den Siebzigerjahren nur in ausgesuchten Athener Cafés ausgeschenkt wurde und dort »französischer Kaffee« hieß. Jeder Besucher erwarb eine elektrische Kaffeemaschine für zu Hause und auch noch ein paar für die Daheimgebliebenen – selbstverständlich deutsche Markengeräte. Mit dem übrigen Getränkeangebot kamen die Griechen weniger gut zurecht: Sie litten in Deutschland richtiggehend Durst.

Selbstredend bestellte Mama für die Besucher im Restaurant Coca Cola oder Limonade, doch das genügt nicht, um den griechischen Flüssigkeitsbedarf zu decken. Zum Überleben brauchen Griechen Wasser in rauen Mengen – nicht nur in kleinen Portionsfläschchen, wie sie seinerzeit bei uns in Lokalen angeboten wurden. Und so spielte sich bei jedem Besucher fast identisch eine Episode ab, wie Tante Meri sie erlebte:

Mama hatte Meri vorgewarnt: »Bevor wir losgehen, solltest du sehr viel Wasser trinken, denn das werden wir in den Restaurants und Cafés nicht kriegen.« Meri blickte ungläubig drein: »Aber es kann doch nicht sein, dass man hier kein Wasser bekommt«, bemerkte sie zweifelnd.

»Vertrau mir einfach und trink zu Hause ein paar Gläser extra. Die wirst du brauchen können«, sagte Mama.

Schließlich, nach dem ausufernden Vormittagsbummel, kehrten sie ein, hungrig und insbesondere durstig. Die pappige Cola konnte diesen Durst allerdings nicht löschen. »Maria, wir brauchen Wasser. Ich verdurste!«

Mama wand sich wieder ein wenig: »Weißt du, die Deutschen trinken eigentlich kein Wasser. Jedenfalls nicht so viel. Aber ich bestelle dir gern welches, dann wirst du schon sehen.«

Sie orderte also Wasser für ihre Schwägerin. Zu jener Zeit – es waren die späten Siebzigerjahre – waren die Deutschen zwar schon viel gereist und hatten fremdländische Gepflogenheiten kennen gelernt – importiert hatten sie sie allerdings noch nicht. Wer also Wasser zum Essen bestellte, bekam nicht ganz selbstverständlich eine Literflasche San Pellegrino oder Evian hingestellt, sondern nur ein winziges Fläschchen Mineralwasser: 0,25 Liter, größere Mengen standen nicht auf der Karte.

Meri kostete und verzog das Gesicht: »Aber das ist doch kein Wasser!«, sagte Meri. »Das ist ja *Soda*, Sprudel. Das trinkt man, wenn man Magenbeschwerden hat. Damit kann kein Mensch seinen Durst löschen.«

»Nun, das ist es nun mal, was die Deutschen mögen.«

»Gibt es denn kein Wasser ohne Kohlensäure?!«, fragte Meri.

»Doch, es wird dir aber nicht schmecken. Es ist eher als Medizin gedacht, nicht so sehr als Durstlöscher. Sie nennen es Heilwasser.«

»Medizin oder nicht – ich verdurste«, sagte Meri, und Mama orderte ein Stilles Wasser aus einer deutschen Heilquelle, das auf der Speisekarte stand.

»Aber das ist ja ungenießbar!«, sagte Meri. »Ganz bitter! Können wir nicht von dem köstlichen Wasser bekommen, das hier aus der Leitung kommt? Einfaches Leitungswasser! Bitte, Maria, mir wird schon ganz schwindlig vor Durst!«

Mama seufzte: Aus langer Erfahrung wusste sie, dass die damals recht unwirschen bayerischen Bedienungen mit Unverständnis oder sogar Empörung auf »Extrawürste« wie Leitungswasser reagieren konnten, die sich zudem nicht abrechnen ließen.

»Leitungswasser führen wir nicht«, sagte denn auch die Kellnerin. »Aber ich bringe Ihnen gerne noch mal die Karte.«

»Wissen Sie«, flehte Mama, »die Dame ist Aosländerin. Sie braucht Leitungswassär. Könnten Sie nicht Wassär aus der Küchce cholen?«

»Aus dem Spülhahn?! Das geht doch nicht!!!«

»Ich bieette Sie! Der Dame ist nicht guttt.«

Schließlich bekam Tante Meri ihr Leitungswasser – ein kleines Saftglas voll. Sie betrachtete es mit einer Mischung aus Resignation und Erstaunen: »Das sind ja nur ein paar Tropfen!« Dann führte sie es zum Mund, leerte es in einem Zug und seufzte: »Und außerdem lauwarm!«

Schließlich gewöhnte sich Mama an, stets ein paar Pappbecher in der Handtasche mitzuführen, aus denen die griechischen Besucher sich im Kaufhaus aus den Wasserhähnen in der Toilette labten. Onkel Michalis als Deutschlandkenner verließ das Haus ohnehin nie ohne seine Thermoskanne, die mit Eiswasser gefüllt war – als genießbar gelten den Griechen Kaltgetränke eigentlich nur dann, wenn deren Temperatur nur knapp über dem Gefrierpunkt liegt. Sogar das Bier wird in Griechenland in eisgekühlten Gläsern serviert. Von daher ist es ein Wunder, dass den Griechen das bayerische Bier, das als vergleichsweise warme Brühe auf den Tisch kommt, schmeckte. Doch war dies tatsächlich der Fall.

Papa warnte zwar immer vor dem Genuss des bayerischen Bieres, das viel stärker ist als die holländischen Sorten – Amstel und Heineken –, die in Griechenland bekannt sind: »*Bira* very strong in *Monacho! Prosochi*, Vorsicht!« Trotzdem kam es häufig vor, dass die Griechen ihre Trinkfestigkeit überschätzten und sich einen ordentlichen Rausch einhandelten.

Einmal saßen wir mit Onkel Michalis und seiner Familie im Biergarten am Chinesischen Turm im Englischen Garten. Wir hatten eine Brotzeit und Teelichter dabei, eine Blaskapelle spielte. Bereits der Anblick der Musiker, die mit Lederhosen und Filzhüten mit dicken Gamsbärten ausstaffiert waren, versetzte meinen Onkel in Hochstimmung. Wasser war mal wieder nur in homöopathischen Dosen in winzigen Sprudelflaschen erhältlich gewesen, der Durst aber groß – die Münchner Sommerschwüle machte den Gästen ziemlich zu schaffen, denn obwohl es in Griechenland um mindestens zehn Grad heißer war, handelte es sich dort meist um eine trockene, nicht so drückende Hitze.

Aber es gab ja köstliches bayerisches Bier in stattlichen Maßkrügen. »Solche müssen wir für zu Hause kaufen«, sagte Matina zu Michalis, der begeistert nickte. Er nannte sie schon den ganzen Abend über »Matinoula« und grinste breit vor sich hin. Selbst der kleine Alexis hatte von einer Maß probiert und dabei wohl etwas zu viel erwischt: Er tobte wie ein Derwisch zwischen den Bankreihen herum und lachte ohne Unterbrechung, und niemand rief *proseche*, pass auf, oder *min trechis*, renn nicht – kurz: Die Stimmung war sehr ausgelassen.

An jenem Tag hatten wir das Nymphenburger Schloss besichtigt, und nun fiel Tante Matina ein, was wir bei der stundenlangen Führung nicht zu sehen bekommen hatten: ein Badezimmer! Da prusteten Mama und Michalis laut los: Es handelte sich um einen Insiderwitz – Deutschlandkenner wie Mama, Matina und Michalis fanden nämlich, dass die Teutonen, die ihre Gärten, Häuser und Straßen so liebevoll pflegten, es mit der Körperhygiene nicht ernst genug nahmen. Als Mama und Michalis einst in den Fünfzigern hier ankamen, gab es in den Haushalten ihrer Vermieter sogar noch den Badetag – nur ein Mal wöchentlich. Das war mit den Jahren zwar wesentlich besser geworden, dennoch gab es da so einige deutsche Gewohnheiten, die für Griechen nicht nachvollziehbar waren.

Sogar Mama, die sonst nie trank, hatte an jenem Abend zu tief in den Maßkrug geblickt, darum verließ sie jede Zurückhaltung und sie begann, über die Deutschen zu lästern. Zum Beispiel über deutsche Waschlappen: »Sie nehmen zum Waschen diese Lappen statt ihrer Hände, und dann hängen sie sie auf und benützen sie mehrere Tage hintereinander«, raunte Mama verschwörerisch, und Tante Matina schlug mit der flachen Hand auf den Tisch und warf lachend den Kopf nach hinten. »Wie unhygienisch! Das hätte ich nie gedacht!«, brüllte sie dann.

»Ihre Kinder waschen sie ohne Seife, weil sie denken, Seife schade der Haut«, fuhr Mama fort, da wirkte Matina, als würde sie gleich von der Bank kippen vor Lachen. »Und viele Leute baden nicht mal ihre Babys täglich – sondern nur ein

Mal pro Woche!«, posaunte Mama heraus, und alle drei hielten sich die Bäuche vor Lachen und wischten sich die Tränen von den Wangen: »Die sauberen Deutschen – man glaubt es kaum!«

Nach Onkel Michalis war seine Tochter der größte Deutschlandfan unter den Verwandten. Am meisten mochte Anna das Deutsche Museum in München, in dem sie ganze Tage verbrachte und sich mit dem für sie typischen Klassenbestenehrgeiz (»streberhaft«, sagten mein Bruder und ich) akribisch durch alle Abteilungen arbeitete. Anna liebte zudem den deutschen Regen. Kurz vor der Reise nach Deutschland, die meist mit dem Wagen stattfand (Onkel Michalis hatte kein Vertrauen in Flugzeuge), rief Anna immer an und erkundigte sich nach dem Wetter. Wenn ich von einem hartnäckigen Tief mit Schauern berichtete, steigerte das ihre Vorfreude. »Blauer Himmel ist doch langweilig«, sagte meine Cousine, Wolken und Regen dagegen fand sie gemütlich und schön. Selbstredend war sie ein großer Winterfan, die ungewohnte Kälte in Deutschland schien ihr nichts auszumachen, und wenn dicke weiße Flocken vom grauen Himmel tanzten, wurde sie von Euphorie ergriffen. Der Schnee begeisterte sie so, dass sie ihn sogar aß – aber das mag auch am Durst gelegen haben.

Als Teenager besuchten wir einmal gemeinsam das Eislaufstadion, Anna trug eine dicke Pelzmütze, die ihren Kopf doppelt so groß wirken ließ. Sie stolperte verbissen über das Eis und klammerte sich an mir fest – rutschend und kreischend, aber ohne einen einzigen Sturz. Schließlich zog sie ihre kleine Kamera aus ihrem Anorak, und ich musste einen halben Film verknipsen, um das Ereignis »Anna auf Schlittschuhen« festzuhalten, denn natürlich wollte sie zu Hause prahlen. Eines der Bilder bekam ich später geschickt, es klebt heute noch in einem Familienalbum: Annas Füße in den ausgeleierten Leihschlittschuhen sind darauf so weit nach innen geknickt, dass es schmerzhaft gewesen sein muss. Doch ihr war kein Wort der Klage über die Lippen gekommen.

Natürlich fuhren wir auch mit ihr in die Berge – sie wollte lernen, Schi zu fahren. Papa besorgte ihr ein paar Leihschi, dann aber begaben sich die Erwachsenen in eine Hütte zum Kaiserschmarrn-Essen und überließen Anna ihrem Schicksal – damals war es in Deutschland noch ganz normal, Kinder und Jugendliche weitgehend sich selbst zu überlassen, und die Griechen, die von jeher überbehütend waren, konnten die Risiken des Schilaufens wohl nicht richtig einschätzen.

Ich half Anna, die Bretter anzulegen, dann wollte ich sie eigentlich ein wenig instruieren und sie vorsichtig den kleinen Hügel hinunterlotsen. Doch dazu kam es nicht. Als ich mich bückte, um Annas Schistöcke für sie aufzuheben, war sie verschwunden. Nach einigen irritierten Momenten entdeckte ich sie in einem Schneehaufen am Rand der Piste, in den sie gerast war, denn die Schi hatten sich mit ihr selbstständig gemacht.

Es dauerte einige Zeit, bis ich sie wieder ausgebuddelt hatte. Annas Gesicht war mit Schnee eingeseift, und ihre Beine waren so miteinander verknotet, dass ich zuerst dachte, sie hätte sich etwas gebrochen. Sie dachte das ebenfalls.

Es war das erste – und einzige – Mal, dass ich meine Cousine weinen sah, und als sie sich wieder beruhigt hatte, packte sie die Schi und stapfte damit frustriert den Übungshang nach unten in die Leihstation. Bevor sie die Schi zurückgab, machten wir aber noch ein paar Fotos von Anna mit den Brettern an den Füßen – allerdings auf flachem Boden.

Anna lernte sogar Deutsch in einem *frondistirio* in Piräus, und als ich sie meinen deutschen Freundinnen vorstellte, sorgte sie unfreiwillig für Heiterkeit, denn sie schüttelte jeder die Hand und fragte höflich: »Wie gäht es Innen?« Von der Deutschlehrerin in Piräus hatte sie ja gelernt, dass die Deutschen sich die Hand geben, statt sich zu umarmen, und dass sie sich alle siezen.

Über die Jahre waren dann alle griechischen Verwandten mindestens ein Mal bei uns in München, sie kamen im Sommer, wo sie über die Schwüle staunten, und im Herbst, wo sie sich vom bunten Blättertanz verzaubern ließen – denn griechische Bäume entlauben sich nicht, dazu sind die Temperaturen insgesamt zu mild. Sie stapften durch den Schnee und bewunderten das Frühjahrsgrün, das durch die kahlen Zweige brach. Sie besuchten Museen, die Oper, das Staatsballett, Konzerte – aber nie das Oktoberfest. Denn sonderbarerweise ergab sich das irgendwie nie. Aber bald will Onkel Michalis, der heute in seinen Siebzigern und noch rüstig ist, das große Bierfest in München miterleben, um einmal beim echten bayerischen Frohsinn mitzumachen, er hat da noch einigen Nachholbedarf. Lange Zeit nämlich führten wir ihn nicht einmal ins Hofbräuhaus – wir hatten einfach keine Ahnung, dass er daran Spaß haben könnte.

Ich war zwanzig und hatte meinen ersten eigenen Wagen – einen alterschwachen Fiat 500 –, als Onkel Michalis und Tante Matina das letzte Mal gemeinsam mit ihren fast erwachsenen Kindern anreisten und wir eines Tages beschlossen, den Biergarten des Klosters Andechs zu besuchen. Anna bestand darauf, bei mir mitzufahren, und Tante Matina zuckte zusammen – ich besaß meinen Führerschein erst seit wenigen Tagen. So fuhren wir im Konvoi, ich mit Anna vorne, der Rest in Michalis' Auto hinterher. Ab der Stelle, wo die Autobahn endete und die Landstraße Richtung Herrsching hügelig wurde, bildete sich eine lange Schlange hinter uns, denn ich hatte noch nicht kapiert, dass man Anstiege durch Herunterschalten bewältigt, und kämpfte mich mit höchstens vierzig Stundenkilometern über die sanften Anhöhen. Als wir auf dem Parkplatz unterhalb des Andechser Klosterbiergartens ausstiegen, war Tante

Matina ziemlich blass und sagte, sie freue sich jetzt wirklich auf ein bayerisches Bier.

Es gab Schweinshaxn, Sauerkraut und eine große Anzahl japanischer Touristen, und Michalis strahlte und lobte die Asiaten: »Seht nur, wie sie das deutsche Essen genießen, dabei sind sie das doch sicher gar nicht gewohnt. *Orei anthropi*, diese Japaner. Wirklich aufgeschlossen.«

Wir machten uns also über unsere Haxn her, und alle außer Michalis und mir gönnten sich ein paar Bier; schließlich waren die Teller leer gegessen, die Krüge leer getrunken, da fiel uns auf, dass Michalis verschwunden war. »Er wollte doch nur auf die Toilette«, sagte Matina, doch war er von den Waschräumen nicht zurückgekehrt. Alexis ging nachsehen und kehrte schulterzuckend zurück: kein Michalis. Er war auch nicht im Kloster, nicht im unteren Teil des Biergartens. »Er wird irgendwo etwas Interessantes entdeckt haben, ihr kennt ihn doch«, sagte Mama, doch nach einer weiteren halben Stunde war Michalis immer noch nicht aufgetaucht.

Wir fanden den Onkel schließlich in einem kleinen Bierzelt, das an jenem Tag auf einer Wiese hinter dem Parkplatz aufgebaut war – eingekeilt zwischen zwei Lederhosenträgern, glückselig schunkelnd zur Blasmusik. Nur mit Mühe konnten wir ihn dazu überreden, endlich von der Bierbank aufzustehen – es wurde schon dunkel, und ich war als Fahrerin ja noch nicht so souverän. »Was für ein *kefi*«, schwärmte der Onkel. »Und außerdem: Warum habt ihr mich eigentlich nie ins Hofbräuhaus gebracht?! Alle Griechen, die nach München fahren, schwärmen vom Hofbräuhaus. Da gibt's echte bayerische Gemutlichkeit, so wie hier!«

»Aber Michalis, im Hofbräuhaus sind nur Touristen, deswegen gehen wir niemals dort hin!«, sagte Mama.

»Na und!«, erwiderte der Onkel. »Ich bin doch auch ein Tourist!«

Da endlich verstanden wir, was er in München suchte, und lieferten ihn regelmäßig im Hofbräuhaus ab. Wenn wir einige Stunden später wieder hineinschauten, saß er selig schunkelnd zwischen Amerikanern und Koreanern: »Wunderbar, diese Gemutlichkait! *Orei anthropi,* diese Deutschen!«

Mein Bruder, der Grieche

Seine Kindheit über war mein Bruder in Griechenland ganz gut ohne nennenswerte Griechischkenntnisse ausgekommen: Er sprach es erbärmlich, fand ich. Er sah das anders. Einig sind wir uns darüber, dass seine Sprachkenntnisse sich erheblich verbesserten, als er älter wurde und begann, das Land auf eigene Faust zu erkunden.

Schon als Kind war es sein großer Traum gewesen, sich ganz allein an einen einsamen Strand abzusetzen, wie Robinson. Er wollte unter dem Sternenhimmel schlafen und sich ausschließlich von dem ernähren, was er an Fischen aus dem Meer zog. Mit diesem Anliegen nervte er meine Eltern jahrelang. Als er fünfzehn war, gaben sie ihre Gegenwehr auf und ließen ihn ziehen – (fast) ganz allein.

In jenem Jahr – ich war siebzehn – plante ich einen Griechenlandurlaub mit meinem Freund, und Mama fand, wir könnten »den Kleinen« doch einfach mitnehmen, dann könnte er sich von unserem Urlaubsort aus regelmäßig an einsame Strände begeben. Hauptsache, er ließe sich alle paar Tage mal bei uns blicken. Andernfalls, so wurde ich von ihr instruiert, hätte ich ein Suchkommando zusammenzustellen. Auf diese Art und Weise war ihr etwas wohler bei der Sache.

Wir »Kinder« waren selbstredend von der Idee nicht so begeistert, doch Mama ließ keine Widerrede zu. »Ich schaue aber wirklich nur bei euch vorbei, um meine Wasservorräte aufzustocken«, sagte mein Bruder. »Ich brauche Ruhe.« Das klang, als wäre er ein viel beschäftigter Manager und nicht einfach nur ein Neuntklässler, doch mein Spott prallte völlig an ihm ab: Er nahm die Sache sehr ernst.

Auch mein Freund und ich planten keinen Hotelurlaub (dafür hätte unser Budget nicht gereicht), sondern hatten ebenfalls Schlafsäcke dabei. Im Gepäck hatten wir drei außerdem ein gefährlich wirkendes, riesiges *psarotoufeko* – eine Harpune. Wem die gehörte, ist klar.

Wir stiegen in Piräus in eines der alten, rostigen Fährschiffe, die doppelt so lange brauchten wie die »Flying Dolphins« (aber viel preiswerter waren), und an Bord genehmigten mein Bruder und ich uns sofort je eine Dose Amstel-Bier und pafften eine Karelia-Zigarette, weil wir fanden, dass das einfach zu so einer Schiffsfahrt dazugehörte (und wir hatten ja beide Yiayias Unempfindlichkeit gegen Wellengang und Geschaukel geerbt). Eigentlich fand ich es plötzlich ganz in Ordnung, dass mein Bruder dabei war: Wir waren bester Laune und kamen uns sehr erwachsen vor – sogar mein Bruder kam mir erwachsen vor, mit seiner Sonnenbrille auf der Nase und dem verwegenen, bunt bedruckten Schal um den Hals. Der Fahrtwind, der unsere Haare zerwühlte, duftete nach unserem süßlichen Zigarettentabak und dem der griechischen Mitreisenden, nach Abgasen aus dem Schiffsschornstein, nach Hafenwasser, Meer und Freiheit – wir waren noch nicht oft allein unterwegs gewesen, es war das erste Mal, dass wir uns ohne elterliche Begleitung auf so ein Fährschiff setzten. Alles war ein Riesenabenteuer, und weil die Zigaretten im Fahrtwind so schnell herunterbrannten, zündeten wir uns an den Stummeln sofort die nächsten an; da waren wir noch nicht einmal ganz aus dem Hafen heraus. Und auch damals noch verfärbte sich das Wasser unter dem Schiff blau, gelb, petrolfarben, karminrot auf der Höhe der Monemwassias, wo Yiayia und Pappous in ihrem Haus waren und keine Ahnung von meinem zweiten männlichen Begleiter hatten – meinem Freund: Mama hatte ihnen erzählt, ich wäre mit einer Gruppe von Freundinnen unterwegs.

In Griechenland war es nämlich noch absolut unüblich, eine Siebzehnjährige mit ihrem Freund verreisen zu lassen. Es war sogar unüblich, in diesem Alter überhaupt schon einen Freund zu haben. Natürlich hatten auch alle griechischen Mädchen, die ich kannte, bereits Beziehungen. Es handelte sich dabei aber um heimliche Freunde – die griechischen Mädchen taten immer so, als würden sie sich nur mit Freundinnen treffen. Die griechischen Eltern taten so, als würden sie das tatsächlich glauben. So gab es keine Probleme.

Die Großeltern jedenfalls waren nun schon viel zu alt, um noch mit deutscher Unmoral konfrontiert zu werden, fand Mama, deshalb durfte mein Freund sich nicht bei ihnen im Haus blicken lassen. Er hatte ein paar Nächte in Piräus in einer Jugendherberge verbracht und sein Bett mit unzähligen Schnaken geteilt. Deshalb wirkte er nun etwas derangiert und war nicht ganz so gut drauf wie mein Bruder und ich. Zugleich war er leicht alarmiert: Er war Nichtraucher und Antialkoholiker, und außerdem hatte Mama ihn, der zwei Jahre älter war als ich, instruiert, ein Auge auf ihre Kinder zu haben. Was – das wurde ihm gerade klar – eventuell nicht ganz einfach sein würde.

Es wurde dann doch alles harmloser, als er vielleicht bei der Anfahrt befürchtet hatte, denn unser Reiseziel – der wenig belebte Strand auf der anderen Seite des Dorfes der Insel Spetses – bot kaum Möglichkeit für Ausschweifungen. Denn hier gab es so gut wie nichts: nur glasklares Meerwasser, das von einem kleinen Strand mit pastellfarbenen, vor Sauberkeit leuchtenden Kieseln gesäumt war. Hinten am Ende, kurz vor der Felsküste, standen ein paar Pinien, unter denen wir unsere wenigen Sachen lagerten. In der Mitte des Strandes gab es noch eine kleine Taverne mit Selbstbedienung und einem

Wasserschlauch hinter den Toiletten, den wir zum Duschen benutzen durften. Etwas weiter ins Inland hinein, wo ein paar Häuser sich an einer unbefestigten Straße entlang reihten, war eine weitere Taverne mit einem rundlichen, gemütlichen Wirt, der jeden Abend den Grill für die paar wilden Camper vom Strand anwarf, von denen kaum einer über zwanzig war.

Morgens kamen immer erst ein paar Badegäste aus Spetses, sie kamen mit einem *kahiki*, einem kleinen Ausflugsboot, oder mit dem Bus vom Hauptort. Die meisten waren Griechen, sie hatten ihre kleinen Kinder und allerhand aufgeblasene Wassertiere und Schwimmringe dabei. Zur Mittagszeit zogen sie geschlossen in die Selbstbedienungs-Taverne oder zu dem Wirt an der Straße und vertilgten griechische Riesenmahlzeiten. Danach mieden sie das Wasser und fuhren allesamt um sechzehn Uhr mit dem Boot oder Bus zurück, um ihren Mittagsschlaf zu halten. Da hatten wir den Strand wieder ganz für uns allein, mein Bruder, mein Freund und ich und die übrigen wenigen Leute, die hier unter den Pinien hausten. Nachts holten wir die Bastmatten und die Schlafsäcke runter an den Strand, die abgerundeten Kiesel passten sich dem Körper bequem an, und wir schliefen großartig unter dem Sternenhimmel bis ungefähr fünf oder sechs Uhr früh. Dann brannte die Sonne heftig vom Himmel, und die Mücken fielen über uns her, und wir zogen unter die Bäume um, wälzten uns noch eine Zeitlang auf dem harten Boden und schwitzten, denn wir mussten die Köpfe in unsere Schlafsäcke stecken, um nicht zerstochen zu werden.

Ich erinnere mich an zwei blonde Mädchen aus Bremen, beide ein Jahr jünger als ich: sechzehn. Eines Abends hatten sie beschlossen, die Nacht auf den Felsen zu verbringen, der Romantik halber. Sie zogen los mit ihren Luftmatratzen und einer angebrochenen Flasche Retsina; der Wirt der Taverne an der Straße gab ihnen ein paar Kerzen mit und warnte sie vor den Mücken – auf den Felsen gäbe es noch viel mehr davon.

Am nächsten Tag waren sie so zerstochen, dass eine von ihnen Fieber bekam; der Wirt schickte sie mit dem Bus und einer Hand voll Drachmenscheinen zum Arzt in den Ort auf der anderen Seite der Insel. Das Geld brachten sie zurück: Touristenkinder – und als solche gingen sie beim Doktor drüben noch durch – bekommen ärztliche Behandlungen gratis, das ist auch heute noch so. Das eigene Geld war den Bremerinnen schon längst ausgegangen, der Wirt fütterte die Mädels eine Zeitlang durch mit seinen gebratenen Hühnchen und den Leckereien, die seine Frau hinten in der Küche zubereitete. Als sie schließlich nach Hause abreisen mussten, verkauften sie ihre Habseligkeiten, um sich für das Geld ein Fährticket zu kaufen, und wir erstanden aus Mitleid eine ihrer beiden Luftmatratzen, um die wir uns dann den Rest der Zeit jeden Abend zankten.

Der Wirt war es auch, mit dem ich meinen Bruder das erste Mal bewusst Griechisch palavern hörte – zwar mit einem deutlichen deutschen Akzent und vielen grammatikalischen Fehlern, dafür aber ganz munter und selbstbewusst. »*Toso megalo*, so groß«, hörte ich meinen Bruder prahlen und sah ihn die Hände vierzig Zentimeter weit spannen. Es ging natürlich um irgendein Meeresgetier. Der Wirt, der ebenfalls gern fischte, nickte anerkennend und maß seinerseits mit den Händen die Größe der Beutetiere ab, die er zu erlegen pflegte. Als sie Abend für Abend hinten am Tisch an der Wand zur Küche saßen, *tavli* spielten und miteinander lachten, fiel mir auch zum ersten Mal auf, wie griechisch mein Bruder mittlerweile aussah: Seine früher eher glatten Haare standen ihm seit einiger Zeit kraus vom Kopf, und die vormals niedliche Kindernase hatte sich zu einem stolzen Haken ausgewachsen und war zu einer geradezu klassischen griechischen Nase gereift. Man hätte ihn für einen echten Griechen halten können, statt nur für einen halben.

Die Tage vergingen mit Baden und Lesen und Baden und Essen, doch immer noch war mein Bruder nicht zu den einsamen Stellen aufgebrochen, die sein eigentliches Ziel gewesen waren. Stattdessen fuhr er frühmorgens mit seinem neuen Freund aus der Taverne im Fischerboot hinaus, und nachts legte er sich zu den anderen Campern an den Strand auf die Kiesel. Tagsüber ging er schnorcheln, aber einfach nur um die Ecke, dort, wo die Felsküste begann. Die harpunierten Fische und Tintenfische durfte er in der Taverne auf den Grill legen, und so hatten wir auch etwas davon.

»Wann ist es denn so weit?«, fragte ich ihn jeden Tag. »Morgen«, antwortete mein Bruder, doch dann änderte er immer seine Pläne – weil der Wirt ihn wieder mit seinem Boot mitnehmen wollte. Weil es gerade zu heiß war. Oder zu windig. Weil wir erst noch gemeinsam in den Ort mussten, um Mama wieder einmal anzurufen.

Dazu überquerten wir drei die kleine Insel eines späten Nachmittags zu Fuß, ein Trampelpfad führte mittendurch. Das Grün hier war so dicht und üppig wie in einem Urwald, die Bäume standen eng nebeneinander und waren mit Efeu bewachsen. Handtellergroße Spinnen seilten sich von den Ästen ab, und wir sahen merkwürdige, uns völlig unbekannte Vögel – etwa einen, der aussah wie ein Spatz mit einem Irokesen-Haarschnitt, den wir »Spatzenpunk« tauften. (Gut zehn Jahre später, als ich Spetses das nächste Mal besuchte, war kurz davor der komplette Inselwald einem Brand zum Opfer gefallen – das Inselinnere hatte sich in einen Baumfriedhof mit stinkenden, verkohlten Ästen verwandelt. Kurz vor »unserem« Strand war das Feuer offenbar erloschen, und so war die letzte Pinie, die sich links vom Hügel über den Kiesstreifen beugte, verschont geblieben. Doch wurde der kleine Strand offenbar seit vielen Jahren von einem Großaufgebot von Touristen heimgesucht. Das vormals glasklare Wasser war aufgewühlt, Staub überzog die Kiesel, die ohne ihr sauberes Leuchten völlig gewöhnlich wirkten. Und außerdem gab es einen Parasailingbetrieb mit einem permanent ratternden Motorboot in der Mitte der Bucht.)

Im Ort telefonierten wir von einem *periptero* aus und gingen dann einen trinken. Schon damals gab es ziemlich viele kleine Bars hier, und schon damals fanden besonders trinkfreudige Deutsche und noch mehr feierlustige Briten gern ihren Weg auf die kleine Insel, auf der das Bier so viel billiger war als zu Hause. Weshalb sie es sich bereits zum Frühstück genehmigten. Mittags waren viele von ihnen schon so betrunken, dass sie von den kippeligen griechischen Stühlen fielen, die für so unsicher schwankende Gäste nicht vorgesehen waren.

»Beer? Longdrinks?«, fragte uns denn auch der Kellner. Zerzaust, wie wir nach all den Tagen ohne Warmwasser und bezogene Hotelbetten waren, hielt er uns natürlich für Ausländer (junge Griechen begannen erst später mit dem wilden Campen, und heute kann man sie mit ihren Bärten und Dreadlocks und Tattoos optisch gar nicht mehr von anderen jungen Rucksackreisenden unterscheiden).

»*Ochi, tria ouzakia theloume,* nein, wir wollen drei Ouzolein«, sagte ich, um gleich mal klar zu machen, dass es sich bei uns keineswegs um ganz gewöhnliche Touris handelte, sondern um Insider. Mein Freund allerdings mochte seinen Ouzo keinesfalls trinken und bestellte sich einen Orangensaft. Mein Bruder war mit fünfzehn auch noch nicht an Alkohol interessiert – das Bier an Bord der Fähre hatte eine Ausnahme dargestellt. Also trank ich die drei Ouzo einfach selbst, ich wollte schließlich nichts verkommen lassen. Immerhin goss ich Wasser hinein.

»Hast du keine Angst, dass dir schlecht wird?«, fragte mein Freund nach dem ersten besorgt.

»Um was wetten wir, dass du heute noch kotzt?«, bemerkte mein Bruder nach dem zweiten bissig.

Ich fühlte mich allerdings gar nicht betrunken, sondern war einfach nur prima gelaunt. Ich erzählte Witze, zog die beiden Jungs auf und lästerte über die Engländer an den Nebentischen, die sich wie fleischgewordene Klischeebriten verhielten – sehr, sehr blau vom Bier und sehr, sehr rot von der Sonne (die »besseren« Briten, die sich für Kultur und nicht nur für Kneipenkultur interessierten, frequentierten andere Inseln oder zumindest andere Bars). Ich fand sie zum Totlachen. Dem Kellner, der ab und zu an den Tisch trat, um Nachschub zu bringen, erzählte ich außerdem ungefragt, dass ich zwar fast noch nie Ouzo getrunken hätte, dass ich ihn aber prima vertragen würde. Das läge an meiner griechischen Abstammung, auf die ich absolut stolz sei, jawohl! Ich war ganz groß in Form.

»Ooooch!«, machte der Kellner und schüttelte missbilligend den Kopf. Er fürchtete wohl ebenfalls, ich könnte mich übergeben, und von kotzenden Ausländern hatten sie in ihrer Bar offenbar bereits genug, so dass ihnen deren Gene total egal waren.

Um es kurz zu machen: In der Kneipe musste ich mich nicht übergeben. Als wir aber endlich aufstanden, um am Ende des Ortsstrandes unsere Schlafsäcke auszurollen, merkte ich, dass mir der ganze Alkohol in die Beine gesackt war. Das nämlich ist die Eigenheit des Ouzos: Solange man sitzt und trinkt, spürt man ihn kaum. Steht man dann aber auf, fällt man um. Oder man spuckt. Bei mir war es auf dem Weg zu unserem Schlafplatz so weit.

Den Rest des Abends rotierte die Insel in relativ hohem Tempo um mich herum. Es drehten sich: der Strand, die auf dem Meer schaukelnden Fischerboote, ein bellender Strandköter, die Lichter der kleinen Strandkneipen, die Gesichter meines Bruders und meines Freundes (Letzteres etwas besorgt, Ersteres ziemlich spöttisch), der Mond und alle Sterne am Firmament.

Das Letzte, an das ich mich erinnern kann, ist, dass mein Bruder seinen Schlafsack noch weiter von uns entfernt ausrollte als sonst. Und an die Worte, die er schließlich zu mir herüberrief: »Morgen wird's echt Zeit für meinen einsamen Strand!«

Weil es auf Spetses doch keinen ganz und gar einsamen Strand gab, fuhr mein Bruder mit der Fähre auf die Nachbarinsel Ägina. Als er weg war, sagte mein Freund: »Die Luft ist rein«, worüber wir sehr lachen mussten.

Es ging uns dabei allerdings gar nicht so sehr darum, allein zu sein – ungestört war man inmitten der anderen Schlafsacktouris ohnehin nicht –, sondern darum, dass mein Bruder damals mit fünfzehn noch unter entsetzlichem pubertären Fußschweiß litt. Beziehungsweise: Es waren eher wir, die darunter litten. Das Problem war auch durch häufiges Waschen nicht zu beheben, ja selbst ausgiebige Meeresbäder konnten dem Fußgeruch nichts anhaben. Einmal, als mein Bruder sich stundenlang bei der Tintenfischjagd im Meer aufgehalten hatte, wurde mein Freund, der in der Sonne eingeschlafen war, durch den Geruch sogar geweckt: »Dein Bruder kommt aus dem Wasser!«, sagte er gähnend, noch bevor er die Augen aufgeschlagen hatte.

Seiner Beliebtheit bei den Mädchen tat das Fußschweißproblem aber keinen Abbruch (von den Espadrilles, die er meistens trug, wurde der Geruch relativ gut gefiltert), darum hingen die Bremerinnen und eine junge Österreicherin aus Klagenfurt an seinen Lippen, wenn er von der Einsamkeit am Robinson-Strand, den Sternschnuppen und insbesondere der abenteuerlichen Tintenfischjagd erzählte. »Man muss dem Tier das Messer zwischen die Augen stoßen, sonst zappelt es noch ewig. Wenn man kein Messer hat, erledigt man es am besten mit einem Biss zwischen die Augen, dazu packt man es so … und so …«, sagte er und führte eine kleine Pantomime auf, und die Mädchen blickten ihn mit einer Mischung aus wohligem Gruseln und unverhohlener Bewunderung an.

Fakt ist, dass er es an dem einsamen Strand nur drei Nächte ausgehalten hat. Dann stand er plötzlich wieder vor uns, schleuderte seine Sachen achtlos unter die Bäume und ging sehr schnell in die Taverne, wo er ein *Pastitio* und einen Salat verputzte und mit großen Scheiben Weißbrot die Teller auswischte. Offenbar hatte es nicht genügend Fische und Kraken gegeben, um satt zu werden, dachte ich und zog ihn auf: »Oder du hast sie einfach nicht erwischt?« Was tatsächlich vorgefallen war, damit rückte mein Bruder erst ein paar Tage später heraus:

Es war ein beschwerlicher und langer Fußmarsch gewesen zu dem einsamen Strand auf Ägina, insbesondere mit Gepäck – mein Bruder hatte sich mit jeder Menge Wasserflaschen eingedeckt. Außerdem mit Zitronen. Zwei Kilo Zitronen, denn ohne Zitronensaft schmeckten meinem Bruder die gegrillten Tintenfische nicht.

Für den geübten Harpunenjäger gab es tatsächlich eine Menge Tintenfische auf Ägina, schon bald hatte mein Bruder ein stattliches Exemplar aus dem Meer geholt. Nun wurde es Zeit für ein hübsches Lagerfeuerchen, an dem man sich wärmen konnte und, vor allem: den Oktopus braten. Da erst stellte mein Bruder fest, dass er gar kein Feuerzeug dabeihatte.

Mein Bruder war sehr müde, und sein Hunger war noch nicht sehr groß: Auf der Fähre hatte er eine ganze Packung Schokoladenkekse verdrückt. Große Sorgen machte er sich nicht: Am nächsten Morgen würde alles sicher ganz anders aussehen. Vielleicht verirrte sich ja jemand zum Baden an den kleinen Strand. Vielleicht ein Raucher, der meinem Bruder sein Feuerzeug überlassen würde. Irgend so etwas. Mein Bruder kuschelte sich in seinen Schlafsack und schlief bald ein.

Der einsame Strand war tatsächlich sehr einsam: Bis zum Mittag hatten keinerlei Badegäste ihren Weg hierhergefunden. Mittlerweile hatte mein Bruder schon ziemlich Hunger. Weil sich über den Oktopus vom Vortag bereits die Fliegen hergemacht hatten, ging er erneut mit der Harpune jagen. Dazu war er ja auch hergekommen. Diesmal fing er zwei Kraken. Immer noch war niemand auf dem kleinen Strandabschnitt erschienen, mein Bruder hatte ihn ganz für sich allein. Es hätte traumhaft sein können. Wenn nur der Hunger nicht gewesen wäre.

Am Abend war der Hunger kaum noch auszuhalten. Die viele Bewegung im Wasser, die frische Luft und das ständige Gegeneinanderreiben von trockenen Stöcken, die ein Feuer entfachen sollten (was leider nie klappte), ließen seinen Magen laut knurren. Es war ihm geradezu schlecht vor Hunger. Darum verspeiste er die beiden Tintenfische roh, und er redete sich ein, dass sie auf diese Weise gar nicht so schlecht schmeckten: »Fast wie Austern.« Er hatte ja zum Glück genug Zitronen dabei.

Am nächsten Morgen funktionierte die Sache mit den Stöcken immer noch nicht, auch hatten sich keinerlei Badegäste blicken lassen. Mein Bruder frühstückte das Innere von ein paar Seeigeln, zum Mittagessen gab es dann vier zarte kleine Kalamari, natürlich alles roh, aber immerhin mit Zitronensaft.

Am Abend konnte er beim besten Willen keinen rohen Fisch mehr runterkriegen. Morgens packte er zusammen und beeilte sich, um die Fähre zurück nach Spetses zu erreichen. Im Ort angekommen, kaufte er sich sofort zwei *Pita-Souvlaki*, doch das reichte ihm allenfalls als Vorspeise, und so war er ziemlich ausgehungert, als er dann den Weg zu unserem Strand zurückgelegt hatte – obwohl es durchaus genug Fisch an dem kleinen, einsamen Strand in Ägina gegeben hatte.

Ein paar Jahre später beschloss mein Bruder, eine Fahrradtour über den Peloponnes zu machen. Das war eine Zeit, als es noch nicht groß in Mode gekommen war, mit dem Rad die Alpen und andere Gebirge zu befahren. Mountainbiking war während unserer Kindheit und frühen Jugend völlig unbekannt. Mein Bruder war allerdings bereits als Kind gern zweirädrig über unwegsames Gelände geholpert – oft mit meinem Rad, denn seines war meist kaputt (eine Folge der Extrembeanspruchung). Es gab eine Zeit, in der er sich mit nichts anderem beschäftigte als sich heimlich mein Fahrrad zu schnappen und damit die Böschungen der Kiesgrube hinter unserer Siedlung hinunterzurasen. Als er irgendwann etwas über eine neue Sportart namens Mountainbiking las, war er wie elektrisiert: Das war sein Sport!

Er wurde zu einem der ersten Mountainbikebesitzer Münchens und liebte sein Rad derart, dass er sein ganzes Geld für Zubehör ausgab. Zum Beispiel für eine spezielle Mountainbiketasche. In die packte er das Rad, bevor er damit in den Zug stieg.

Ich begleitete ihn zum Münchner Hauptbahnhof. »Ich verstehe wirklich nicht, wie du auf die Idee gekommen bist, ausgerechnet mit dem Rad durch Griechenland zu fahren«, sagte ich. Er reagierte ein wenig ungehalten – es war ihm anzumerken, dass ich nicht die Einzige war, die seinen Plan merkwürdig fand. »Ich mache eben einfach eine Radtour. Eine Radtour ist doch wohl was völlig Normales.«

»Schon – aber doch nicht in Griechenland im August!«

Mein Bruder sagte: »Davon verstehst du nichts.«

Der Zug brachte meinen Bruder und das Rad nach Ancona, dort bestieg er das Schiff nach Patras, und von dort aus ging es sofort los. Zumindest war das der Plan.

Allerdings gab es da noch eine Verabredung mit einem Mädchen, auf dessen Anruf er in Patras warten wollte. Sie sollte sich um eine bestimmte Uhrzeit in einem bestimmten Hotel melden, doch irgendwie klappte das nicht. Als mein Bruder losfuhr, war es viel später als geplant. Als er endlich sein Ziel, ein kleines Bergdorf, erreichte, war es bereits zu dunkel, um sich einen guten Schlafplatz (im Gepäck meines Bruders befand sich der Schlafsack) zu suchen, also besuchte er erst einmal die einzige Dorftaverne.

Er wurde ziemlich bestaunt, als er das Rad vor dem Lokal abstellte – es kamen nie Touristen in den kleinen Ort, schon gar keine auf Rädern, und keiner hätte es für möglich gehalten, dass jemand eine solche Strapaze freiwillig auf sich nimmt: Die Berge des Peloponnes sind bis zu 1500 Meter hoch, und im Sommer erreichen die Temperaturen häufig über fünfunddreißig Grad. Selbst jetzt am Abend war es noch ziemlich warm. Nicht einmal, wenn mein Bruder beim Radeln eine Clownsnase getragen und mit brennenden Fackeln jongliert hätte, wäre ihm mehr Aufmerksamkeit zuteil geworden.

»Mit dem Fahrrad über den Peloponnes – im August! Wie kommt man denn auf solch eine Idee?!«, wunderten sich die Tavernengäste, die ihn umringten, und der Wirt stellte ihm sofort Gratiswasser und Gratisbier auf den Tisch. Mein Bruder, der diese Frage während der Zug- und Schiffsfahrt bereits so oft gestellt bekommen hatte, dass er sie nicht mehr hören konnte, zuckte nur mit den Schultern und bedankte sich für die Getränke. Der Wirt wusste auch einen Schlafplatz für meinen Bruder: die *avli* seiner Tante, beim letzten Haus des Dorfes. Da sei Platz und Ruhe.

Mein Bruder hatte den Wirt so verstanden, dass das Haus der Tante leer stand (was auch ein sprachliches Missverständnis gewesen sein mag), deswegen wäre er vor Schreck fast schreiend aus dem Schlafsack gesprungen, als am nächsten Morgen eine Stimme ganz nahe an seinem Ohr *kalimera, guten Morgen,* raunte. Da kauerte eine alte, schwarz gekleidete Frau vor ihm und kicherte über sein Erschrecken. Sie war gerade dabei, ein kleines Tablett mit Gebäck und Mokka neben seinem Schlafsack unter ihrem Feigenbaum abzustellen, zum Frühstück für den jungen Gast. Als sie den Schlafenden in ihrem Hof vorfand, hatte sie sich offenbar richtiggehend über ein wenig Abwechslung gefreut. Gehen ließ sie ihn erst nach dem dritten Kaffee. Außerdem packte sie ihm noch eine stattliche Tüte mit Proviant: Oliven, Brot und Käse.

Die Alte nämlich hatte sich selbst ihren Reim darauf gemacht, warum mein Bruder das Land per Pedal erkundete: »Ich verstehe schon«, sagte sie. »Du bist arm und hast kein Geld für ein Auto. Aber das nächste Mal nimm lieber den Bus, das ist gar nicht so teuer. Und viel bequemer.«

Das musste mein Bruder auch bald zugeben, dennoch kämpfte er sich bis in das rund 200 Kilometer von Patras entfernte Nafplion durch. Wie viele Tage er dazu brauchte, weiß er heute nicht mehr zu sagen. »Viel zu viele« jedenfalls. Er weiß allerdings noch, dass er rund fünf Kilo verlor, obwohl die Bewohner der Dörfer, durch die er kam, den »armen« Radfahrer richtiggehend durchfütterten und er in den Tavernen fast nie seine Rechnung bezahlen durfte.

In Nafplion beschloss er, das Fahrradfahren für möglichst lange Zeit bleiben zu lassen, und schob das Mountainbike auf die Fähre nach Spetses, wo er es ebenfalls kein einziges Mal mehr bestieg, sondern am Strand als Handtuchhalter benutzte. »Es war wahrscheinlich doch einfach die falsche Jahreszeit zum Radeln«, räumte er später ein, »einen Monat früher oder später wäre es aber sicher kein Problem gewesen.« Doch den Beweis dafür wollte er bis heute nicht erbringen. Seine Griechischkenntnisse allerdings hatten von der Radtour absolut profitiert: Er lernte zum Beispiel endlich, die Worte *anifora*, Anstieg, und *katifora*, Abstieg, voneinander zu unterscheiden. Und er nahm den Begriff *exantlimenos* in seinen Wortschatz auf – völlig ermattet.

Ich dagegen hatte den Eindruck, mein Griechisch werde immer schlechter. Tatsächlich war das wohl nicht der Fall, das Problem war vielmehr, dass es nicht besser wurde: Es blieb auf dem Stand der Sprache eines Kindes. Ich hatte zwar eine gute Aussprache und konnte Alltagsdinge zumeist fehler- und akzentfrei vorbringen. Bei komplizierten Sachverhalten allerdings musste ich mich mit Umschreibungen behelfen, und so kam es, dass ich bei ernsthaften Diskussionen oft einen etwas zurückgebliebenen Eindruck hinterließ. Zum Beispiel, weil mir das Wort *sinagonismos*, Wettbewerb, nicht einfiel und ich deshalb etwas von »wenn alle gegeneinander kämpfen – wie heißt das gleich noch?« stammeln musste. Oder weil ich schlechterdings keine Ahnung hatte, was Bruttosozialprodukt auf Griechisch heißt.

Einmal, mit Mitte zwanzig, verbrachte ich einen Urlaub mit Cousine Anna auf Santorin, wo ich mich in einem Restaurant blamierte: Es war ein schickes kleines Lokal im traditionellen Stil, dargeboten wurde internationale Küche, die Gäste aber waren mehrheitlich junge Griechen aus Athen. Deswegen lachten alle im ganzen Raum, als ich der Bedienung mit vernehmlicher Stimme zurief, sie möge uns doch bitte ein paar Damenbinden an den Tisch bringen. Die heißen nämlich *servietes*, wohingegen Servietten in Griechenland als *chartopetsetes* bezeichnet werden. Das hatte ich dummerweise wieder einmal verwechselt. Anna lachte am lautesten und längsten, und ich werde das Wort *chartopetsetes* sicher nie mehr vergessen.

Es war unser bis dato einziger Urlaub zu zweit, und wir verbrachten ihn, wie wir unsere gemeinsame Zeit immer verbracht hatten: mit geradezu unablässigem Plaudern. Ein ganzes, ereignisreiches Jahr musste durchgehechelt werden. Anna hatte außerdem ein Santorin-Spezial aus einem Magazin herausgerissen und betätigte sich als Inselführerin: Sie lotste mich an alle Strände und in die besten Bars, Restaurants, Cafés, kurz: Sie war meine Fremdenführerin.

Allerdings eine ziemlich lahme Fremdenführerin, die immer fünf Schritte hinter mir herhinkte – im Wortsinn: Anna hatte keine flachen Schuhe im Gepäck. Nicht ein einziges Paar. Sie besaß gar keine flachen Schuhe, sagte sie.

Zu jener Zeit pflegte Anna einen ziemlich divenhaften Stil – hochgeschlitzte Röcke, tiefe Dekolletés und dramatisches Make-up. Ihre Fingernägel waren lang und stets lackiert, und sie hatte eine Art, sich die Locken aus dem Gesicht zu werfen, die zugleich aufreizend und von oben herab wirkte. Damit hatte sie eine höchst anziehende Aura aus Verlockung und gleichzeitiger Unerreichbarkeit um sich kreiert. Die Inselcasanovas erstarrten bei ihrem Anblick und belagerten unsere Tische so hartnäckig, dass einmal sogar eine resolute ältere Tavernenwirtin einschreiten musste, damit wir endlich wieder unter uns sein konnten.

Auf dem Weg zu unserer kleinen Pension war die mühselig vor sich hinstolpernde Anna dann aber wieder eine leichte Beute, und so begleitete uns ein allabendliches Mantra aus »*Perimene, koukla mou, mia stigmi, matia mou,* warte, meine Puppe, einen Moment, mein Augenlicht.« Und der Weg wurde von Abend zu Abend beschwerlicher – mittlerweile hatte Anna nämlich Blasen an den Füßen.

Santorin ist die hübsche Kykladen-Insel mit der malerischen Steilküste, auf deren Anhöhe sich neben weißgekalkten Häuschen schmale, holprige Gässchen den Berg hinabwinden.

Und wieder hinauf. Kein Stöckelschuhterrain. »Die Blasen an deinen Füßen passen jedenfalls gut zu denen auf deinem Rücken«, sagte ich, denn eines Morgens hatte Anna vergessen, Sonnencreme auf ihre helle Porzellanhaut aufzutragen. Die Schmerzen ertrug sie, wie es ihre Art war, relativ klaglos; auf plumpe Anmache hatte sie aber in dem Zustand noch weniger Lust als sonst, deswegen war sie manchmal ein wenig ungehalten über mich: Meine Anwesenheit machte die Inselaufreißer nur dreister. Einfach, weil ich die richtigen Abwehrmanöver nie so gut zu beherrschen gelernt hatte wie Anna.

Griechische Papagalli werden *kamaki* genannt, ihr Lebensinhalt scheint es zu sein, so viele Mädchen wie möglich flachzulegen. Es gibt immer noch eine Menge von ihnen, früher aber waren sie eine echte Plage, und – anders als das oft berichtet wird – sie betätigten sich nicht nur auf den Inseln und in den Urlaubsorten. Außerdem machten sie nicht nur auf blonde Touristinnen Jagd: Sie waren überall, und jede Beute war ihnen recht.

Die *kamaki* summten den Mädchen Liebeslieder ins Ohr, übertriebene Liebeserklärungen, schwülstige Komplimente, manchmal auch unzweideutige Aufforderungen – was ich eher am Tonfall als am Inhalt erkannte, denn das war ja ein Wortschatz, den ich von Yiayia und Pappous nicht kannte. Manche steckten einem Zettelchen mit ihrer Telefonnummer zu. Davor waren selbst ältere Frauen wie Mama nicht gefeit, die einmal an einer Bushaltestelle in Piräus erschrocken zu schreien anfing und nach einem Herrn mit akkurat gestutztem Schnauzbärtchen schlug. Dabei wollte der Mann sie lediglich anbaggern und hatte ihr verstohlen seine Karte in die Seitentasche ihres Blazers geschoben. Mama, die nach all den Jahren in Deutschland mit den griechischen Gepflogenheiten nicht mehr so vertraut war, dachte, er wäre auf ihren Geldbeutel aus.

Manchmal verfolgten die *kamaki* die Mädchen stundenlang durch die ganze Stadt und warteten vor den Geschäften auf sie. Und sie ließen sich die unglaublichsten Geschichten einfallen, um Aufmerksamkeit zu erheischen. Es war ein echter Sport.

Einer zum Beispiel führte mir einmal in Piräus ein regelrechtes Theaterstück auf, damit ich mit ihm redete: Ich sei doch die beste Freundin seiner Verlobten, er erkenne mich wieder, und es habe keinen Zweck zu leugnen. Die Verlobte habe sich letzte Woche ohne jede Begründung von ihm getrennt, sein Leben hätte nun keinen Sinn mehr, wenn ich aber mit ihm spräche und ihm den Grund offenbarte, könnte ich ihn erretten. Über diese Story musste ich dann doch ziemlich lachen – das war allerdings das Falscheste, was ich tun konnte, denn es wurde mir als allgemeines Grundinteresse ausgelegt, und deshalb verfolgte der Typ mich einen ganzen Nachmittag.

Anna dagegen hatte den Bogen raus und ging – zumindest so lange sie das wollte – vergleichsweise unbehelligt durchs Leben: Sie strafte die Verehrer mit derart arroganter Nichtbeachtung, dass sie sich meist bald verzogen. Musste ich allerdings wieder einmal kichern, weil einer der *kamaki* gar zu albern wirkte, verdrehte sie die Augen und seufzte: »*Efcharisto*, danke, den werden wir jetzt gar nicht mehr los!«, und so war's dann auch.

Erst nach und nach schien es sich in Santorin herumzusprechen, dass bei uns nicht zu landen war, und die Inselcasanovas versuchten es wieder verstärkt bei den Schwedinnen, Deutschen oder Engländerinnen auf der Insel, bei denen der Typus »Greek Lover« besser ankam als bei uns. Währenddessen rissen wir zu zweit unsere Witze: »Hast du die Brust gesehen – das war kein Mann, das war ein Gorilla!«

»Aber ganz stolz drauf, sonst hätte er ja wenigstens einen von fünf Hemdknöpfen zugemacht.«

»Wenn er noch mal aufkreuzt, sage ich: Wenn du einen Knopf zumachst, lasse ich mich auf ein Getränk einladen. Bei zwei Knöpfen sogar auf zwei.«

»Und wenn er im Rollkragenpulli ankommt, trinken wir eine ganze Flasche!« So gesehen hatten wir also durchaus auch unseren Spaß mit den *kamaki*.

Vielleicht lag es an den lästigen Aufreißertypen, dass ich mich nie recht für griechische Männer interessierte: Sie waren mir irgendwie nicht ganz geheuer. Zwar lauerten die meisten nicht den ganzen Tag an irgendwelchen Straßenecken potenziellen Eroberungen auf. Doch auch die »normalen« waren mit Vorsicht zu genießen – man konnte mit ihnen nicht umgehen wie mit deutschen Männern. Das wusste ich von meinen griechischen Freundinnen und Verwandten: Es herrschten völlig andere Dating-Regeln.

Das Flirten mit griechischen Männern beinhaltete ein Spiel, das mir zu kompliziert erschien: Es bestand darin, jemandem Hoffung zu machen, sich aber gleichzeitig zurückzuziehen – und die Hoffnung dann wieder dezent zu schüren. Für die Frauen bestand das Problem darin, einen Mann so zu erhören, dass er dabei nicht den Eindruck gewann, es handele sich bei ihnen um leichte Beute. Für all die »Eventuells« und »Vielleichts« einer solchen Anbandelungsphase wäre meine Zeit zu kurz gewesen – ich war ja immer nur auf Urlaub da. Außerdem hatte ich die schlechtesten Ausgangsvoraussetzungen: Weil jeder dachte, dass bei uns Nordländerinnen die Moralvorstellungen laxer waren, ging man davon aus, wir wären leichte Eroberungen. Die Touristinnen aus dem Norden ahnten das nicht – oder es war ihnen gleich. Ich aber wusste Bescheid, deswegen ließ ich lieber gleich ganz die Finger von den Griechen.

Mit griechischen Paaren hatte ich außerdem echtes Mitleid, denn sie konnten fast nie allein sein: Zärtlichkeiten wurden in der Regel auf Parkplätzen im Wagen ausgetauscht oder in aller Eile, wenn ihre – oder seine – Eltern ausgegangen waren. Denn junge Griechen und Griechinnen wohnten meist bis zu ihrer Heirat zu Hause bei den Eltern – auch, wenn sie die dreißig bereits überschritten hatten (und das ändert sich erst heute langsam und hat nicht nur mit Moralvorstellungen zu tun, sondern auch damit, dass junge Leute in Griechenland meist einfach noch kein Geld für eine eigene Wohnung besitzen).

Andererseits konnte niemand von der griechischen Verwandtschaft verstehen, warum mein Bruder und ich – da waren wir schon sehr weit über zwanzig – schließlich von zu Hause auszogen. »Das ist in Deutschland so üblich«, beteuerte Mama unablässig. »Die anderen Kinder ziehen viel früher aus. In ihrem Alter sind sie wirklich spät dran damit.« Der Grund dafür, dass wir damit so spät dran waren, war allerdings sie selbst – meine Mutter konnte nämlich eigentlich ebenso wenig verstehen, warum wir weg wollten. Hatten wir zu Hause nicht alles, was wir brauchten? War es nicht unsinnig, ein enges Zimmer in einer WG zu nehmen, wo doch genug Platz in Mamas Wohnung war? Wäre es nicht besser, das Geld, das wir in unserer Schüler- und Studentenzeit durch Nebenjobs verdienten, für ein schönes Leben mit eigenem Auto und viel Urlaub auszugeben, statt sich um die eigene Miete sorgen zu müssen? Mit ihren Argumenten schaffte sie es, uns lange bei sich zu halten.

Immerhin durften wir in den Jahren als junge Erwachsene zu Hause unsere Freunde und Freundinnen mitbringen, mein Bruder brachte sogar seine ganze Clique mit und feierte fast jedes Wochenende Partys in unserer Wohnung, die er komplett in Beschlag nahm: Die Runde erschien immer mit großen Tüten voller Lebensmittel und breitete sich zuerst in der Küche aus. Nach dem Fest verwandelte sich dann das

Wohnzimmer in ein Schlaflager, in dem ein Schlafsack neben dem anderen ausgerollt wurde. Mama ermutigte uns, Leute mitzubringen. Damit sie Kontrolle darüber hatte, mit wem wir verkehrten, sagte sie. Aber wahrscheinlich auch, weil sie den Trubel im Haus mochte.

Als wir noch zur Schule gingen, wurde unsere Wohnung sogar zur Anlaufstelle für all diejenigen unserer Freunde, die Ärger zu Hause hatten. Sie zogen dann einfach zu uns. »Bleibst du hier, bis alles wieder okäi ist. Ich ssspräche mit deine Mama«, sagte meine Mutter dann, und das tat sie auch und kümmerte sich darum, dass all die Gäste morgens rechtzeitig zur Schule gingen, dass sie ihre Vokabeln paukten und: dass sie genug aßen.

»Nimmst du noch von dem Chühnchen, nimmst du, nimmst du!«, sagte sie etwa, und wenn wir versuchten, sie zu bremsen und sie baten, unsere Gäste nicht zu mästen, lachte sie und sagte: »Ich waiß schon, immer sage ich: iss, iss. Aber das ist so in Griechenland!« Und einmal erzählte sie in so einer Runde eine Geschichte: »In Griechenland muss man immer sagen nein, wenn man zu Besuch geht. Das gehört zu guter Erziehung. Meine Mama chat immer zu uns Kiendern gesagt: Wenn wir einen Besuch machen, und ihr bekommt Kuchen angeboten, und ihr sagt ja, dann gibt es zu Chause Uhrfeigen! Man muss immer sagen nein, vielen Dank, das ist chöflich. In Griechenland muss man chundertmal nein sagen, dann kann man erst ja sagen und etwas nehmen. Dann als ich kam nach Deutschland, ich habe immer nein danke gesagt, ganz chöflich. Und deswegen ich chabe nichts bekommen. Natürrrlich! Denn wenn man in Deutschland einmal nein sagt, denken die anderen: Sie chat vielleicht keinen Chunger!« Da lachte Mama ihr tiefes Lachen und tischte unseren Freunden noch einmal auf, obwohl sie ja eigentlich wusste, dass sie keinen Hunger mehr hatten. Auf ihre Weise übte sie eine eingedeutschte Form griechischer Gastfreundschaft aus, und einige der Freunde meines Bruders wohnten wochen- und monatelang bei uns. Wenn ich heute seine alten Schulfreunde treffe, dann fragen sie als Allererstes, wie es meiner Mama geht, und schwärmen von den lustigen alten Zeiten in unserer Wohnung, als jeder bleiben konnte, so lange er wollte – und erkundigen sich dann erst nach dem Rest der Familie.

Als ich endlich meine Koffer packte, machten meine Freundinnen sich schon lustig über mich – sie hatten gar nicht mehr daran geglaubt, dass ich einmal ausziehen würde. Die griechische Verwandtschaft sagte – nichts. Wenn das Gespräch auf meine neue Wohnung kam, entstand ein unbehagliches Schweigen. Ebenso, wenn jemand bei meiner Mutter anrief und sie sagte: »Heute waren die Kinder da, wir haben Pizza gegessen…«, und so weiter. Es war klar: Irgendwie konnte die Verwandtschaft die Sache nicht einordnen. Wahrscheinlich vermutete man bezüglich unseres Auszuges ein Zerwürfnis – und kam dann gar nicht klar mit Äußerungen, die zeigten, dass eigentlich alles ganz in Ordnung war.

Tatsächlich zogen Cousin Stelios und (einige Jahre später) Cousin Alexis in viel jüngerem Alter von zu Hause aus als wir, wenn auch notgedrungen: Sie studierten nämlich beide in England. Allerdings flogen die Tanten mindestens alle drei Wochen rüber, bekochten ihre Jungs und kümmerten sich um die Wäsche. »Die freuen sich bestimmt sääährr, dass Mama kommt«, sagte meine Mutter mit spöttischem Unterton – da war sie plötzlich wieder ganz deutsch. Meinem Bruder brachte sie früh bei, sich selbst um seine Wäsche zu kümmern, und lehrte ihn sogar, selbstständig an der Nähmaschine Flicken auf seine Jeans zu nähen: »Dann brauchst du mich nicht und kannst alles allein.« Irgendwo war sie auch stolz, dass ihre Kinder keine griechische Gluckenmama benötigten, um im

Alltag durchs Leben zu kommen. (Nach dem Auslandsstudium zogen meine beiden Cousins dann doch wieder in die Wohnungen ihrer Eltern ein – und wohnten dort noch sehr lange.)

Mein Bruder hatte auch nie eine griechische Freundin. »Bist du verrückt?!«, sagte er nur, wenn ich ihn darauf ansprach. Gelegenheiten hätte es genug gegeben: Als die Kinder von all den Schulfreundinnen von Mama, den Nachbarn aus der Drapezona und den Arbeitskollegen der Verwandten alt genug waren, allein zu verreisen und Europa zu erkunden, schickte man sie zuallererst nach München zu meiner Mutter. Die beherbergte sie dann, ging mit ihnen shoppen und ins Museum – und beauftragte uns, sie auszuführen. So einige der Töchter schwärmten dabei für meinen Bruder. Eine war sogar unübersehbar verliebt.

Sie war in der Drapezona aufgewachsen und studierte nun in Patras, wir kannten sie schon, als sie noch ein süßes Baby gewesen war. Jetzt war sie zu einem ausgesprochen hübschen Mädchen mit langem, glattem, schwarzem Haar geworden, und sie himmelte meinen Bruder regelrecht an. Er behandelte sie mit großem Respekt – deutlich mehr Respekt, als sie sich erträumte. Ich zog ihn deswegen natürlich auf: »Du musst keine Angst haben, die werden dich schon nicht gleich zwingen, sie zu heiraten!«

Mein Bruder bekam einen düsteren Gesichtsausdruck und sagte: »Da gehe ich lieber auf Nummer sicher!«

Der Verzicht fiel ihm allerdings nicht sehr schwer: Er mochte sportliche, durchtrainierte, »typisch deutsche« Mädchen – selbst die schlanksten Griechinnen waren ihm noch zu feminin: »Die haben alle keinen einzigen Muskel am Körper, die treiben ja gar keinen Sport! Da siehst du genau, wo bald die Zellulitis losgeht«, gestand er einmal – auch wenn er heute behauptet, so etwas Frauen- und Griechinnenfeindliches nie geäußert zu haben. Die deutschen Mädchen waren jedenfalls eher nach seinem Geschmack.

Einmal – da lebten wir schon länger nicht mehr zu Hause – waren mein Bruder und ich in einer Kneipe in Schwabing verabredet. Es war allerdings so voll, dass ich ihn eine Zeitlang im Gewühl nicht finden konnte. Schließlich machte ich einen seiner Freunde ausfindig.

»Der Grieche?«, sagte der auf meine Frage nach meinem Bruder. »Der ist da hinten.«

Der Grieche?!?

Ich fand ihn schließlich an der hinteren Bar des Lokals, umringt von drei groß gewachsenen Blondinen, wie er eine griechische Heldengeschichte von sich gab: Es war die alte Saga von dem Oktopusjäger, der einsam am Strand haust, umgeben nur von Sonne, Meer, Einsamkeit und einem *psarotoufeko*. In die griechischen Wörter, die er wie zufällig einstreute, legte er echten Schmalz, *occchtapodi,* Tintenfisch, oder *thaaaalassa,* Meer. Man hätte wirklich glauben können, er käme aus Hellas, und nicht aus dem Münchener Osten, und die Blondinen staunten ihn an, als wären sie rasend gern mal bei der Oktopusjagd dabei: ganz allein an einem einsamen Strand mit meinem Bruder, dem Griechen.

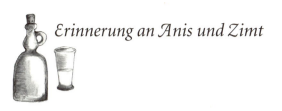# Erinnerung an Anis und Zimt

*D*er *kamaki*, der sich ungebeten an meinen Tisch setzt, ist sehr glutäugig und jung, und einen Moment fühle ich mich ein bisschen geschmeichelt. Natürlich lasse ich mir nichts anmerken und versuche, hochnäsig in eine andere Richtung zu blicken und sein Süßholzraspeln zu ignorieren. Ganz gelingt es nicht, und so registriere ich bald, dass der Schönling nicht »*matia mou*, mein Augenlicht« oder »*ela, na se keraso*, komm, ich lade dich ein« raunt, sondern »Harry Potter«. Wie bitte?

Jetzt erst bemerke ich, dass sein Teint etwas zu dunkel wirkt, um griechisch zu sein. Und dass er einen Fächer raubkopierter DVDs hochhält. Als ich loslache, ist das aber auch wieder ganz falsch, denn nun bleibt er einfach sitzen und wedelt weiter mit den DVDs.

Das Café ist eine Art Coffeeshop, statt eines Frappé oder *Ellinikos*, griechischer Mokka, steht ein Latte Macchiato vor mir, die Wassergläser auf dem Tisch sind von Ikea und die Tüten der Frauen, die vorbeiflanieren, tragen das Logo der spanischen Modekette Zara. Und alle jungen Leute auf den Straßen sehen aus wie überall: Die Jungs tragen Hosen, die fast über den Po rutschen, die Mädchen so extrem gescheiteltes Haar, dass nur ein Auge frei bleibt.

Das Klo ist wie mittlerweile alle Athener Waschräume: schicker und sauberer als selbst noch der Rest des Lokals. Dieses hier wird so intensiv mit synthetischer Meeresbrise beduftet, dass mir beim Rausgehen schwindelig wird und ich plötzlich kein Griechisch mehr verstehe. Doch das liegt daran, dass die Frauen, die hinter dem Tresen Snacks zubereiten, gar kein Griechisch miteinander sprechen. Sondern Albanisch. Oder ist es Bulgarisch?

Draußen stoße ich fast mit einer jungen Mutter zusammen, die den Buggy vor sich abrupt anhält: »*Tha ta fas epitelous, ta patatakia sou?*«, fährt sie ihre Tochter an, die eine halbleere Chipstüte umklammert hält: »Isst du sie endlich, deine Kartoffelchips?« Die Zeiten von *psomi ke tiri* sind offenbar vorbei.

Es ist viel Zeit vergangen seit meinem letzten Athenbesuch. Zehn Jahre? Nein, es ist sogar noch länger her. Mittlerweile habe ich selbst eine Familie. Griechisch sprechen meine beiden Kinder leider nicht, das habe ich irgendwie nicht hinbekommen. Doch mein Mann und meine beiden Kinder lieben Griechenland – sogar das Essen. Gemeinsam haben wir so einige griechische Urlaubsinseln besucht. Wir haben dabei einen regelrechten Ehrgeiz entwickelt, die idyllischsten – und verschlafensten – davon zu entdecken. Es sind verträumte Plätze ohne Internetzugang, wo sich nur vergleichsweise wenige Touristen tummeln und alles noch fast so ist, wie es in meiner Kindheit war. Das moderne Athen aber ist mir fremd: In der total europäisierten, global gleichgemachten Stadt mit all den Fast-Food-Ketten und Vodafone-Logos erkenne ich »mein« altes Athen fast nicht wieder. Zumindest nicht auf Anhieb.

»*Karrrrpousiaaaa!!!*«, kreischt da eine ohrenbetäubende Stimme durch die ohnehin lauten Straßen des alten Marktes in Piräus, zu dem ich mittlerweile geschlendert bin. Als würde ihr heiserer Besitzer mit heißen Eisen gemartert: »*Karrrrpousia, me to macheri, olllaaaa!!!!!!!*« Ein entsetzliches Klagen. In meinen Ohren aber ein wunderbarer Gruß aus alten Zeiten: Es handelt sich um einen Händler, der seine Waren anpreist, mit dem gleichen Geschrei und aus einem ebenso alten, übersteuerten Mikro, mit dem er und seine Kollegen das bereits zur

Zeit meiner Kindheit taten, wenn sie mit ihren Kleinlastern voller *Karpusia* – Wassermelonen – durch die Straßen fuhren. (*Me to macheri ola* heißt übrigens: alle mit dem Messer. Das bedeutet aber nicht, dass die Kunden beim Kauf einer Melone ein Messer dazubekommen, sondern lediglich, dass der Händler bereit ist, jedwede Melone anzuschneiden, damit man sehen kann, wie ausgereift sie ist.)

Mir rückt der Melonenverkäuferschrei endlich den Blick gerade, der von all den Coffeeshops und internationalen Logos getrübt war, und plötzlich kann ich das typisch Griechische wiedererkennen und sehen, dass es noch existiert – und nun von neuen Details erweitert wird:

Auf der Straße zwischen dem Fährhafen und dem Bahnhof geht wieder mal gar nichts, der Verkehr zieht sich so zäh hin wie Sirup – das war früher schon meistens so. Immer noch streiten und drängeln und schreien auf dem Bürgersteig entnervte Städter im Konkurrenzkampf um eines der Taxis, deren Fahrer ihrerseits aus den Wagen heraus keifen und sich weigern, Fahrgäste, die kein lohnendes Ziel angeben, überhaupt einsteigen zu lassen. Aber nun gibt es sogar eine hochmoderne Fußgängerbrücke über dieses Krisengebiet – mit Rolltreppen. Dafür stehen hundert Meter weiter nach wie vor ein paar der schmutzigen Häuserruinen, die seit mindestens vierzig Jahren so baufällig wirken, als würden sie jede Sekunde einstürzen.

Die Mopedfahrer, die sich mit waghalsigen Manövern durchschlängeln, hupen nach wie vor häufiger als anderswo – nur sitzen heute viel öfter als früher hübsche, sehr schlanke Frauen am Steuer (mein Bruder hätte gegen die modernen Griechinnen kaum noch etwas einzuwenden), und offenbar halten neuerdings alle sich an die Helmpflicht, irgendwie: Nicht, dass sie die unbequemen Teile bei der Hitze etwa auf dem Kopf tragen würden, aber sie haben sie immerhin am Arm hängen wie ein Accessoire, das zu einem Verkehrsteilnehmer gehört wie die obligatorisch brennende Zigarette, die in der Hand fast jedes Fahrers glimmt (Anti-Qualm-Kampagnen scheinen hier keinen so durchschlagenden Erfolg zu haben – am Flughafen und in den schockgefrosteten Banken (*Erkondission!*), patrouillieren sogar das Sicherheitspersonal und die Polizei lässig paffend neben den Rauchverbotsschildern). Und überall – sogar in der Kirche – läutet das *kinito,* das Handy. Falsch: Es trötet, singt, bimmelt wie Kirchenglocken, tutet wie ein Martinshorn, quietscht, hupt, piept und kreischt in den lautesten nur vorstellbaren Einstellungen.

Der (griechischstämmige) US-Schriftsteller David Sedaris hat in einem Interview der *Süddeutschen Zeitung* einmal beklagt, dass er besonders ungern in Griechenland aus seinen Büchern liest, denn die Zuhörer schalten dort ihre Handys nicht nur nicht aus – sie gehen sogar bei Anrufen ran und beginnen zu palavern, während der arme Autor bald sein eigenes Wort nicht mehr versteht.

»*Ti egine,* was war los?«, meldet sich Onkel Michalis etwas ungehalten auf meinem Handy. »Ich habe dich schon vor zwei Minuten einmal angerufen!«

»Oh, entschuldige, Onkel, aber ich habe einfach das Klingeln überhört …«

»Warum stellst du es denn nicht lauter?!? Man hat doch kein Handy, um es NICHT zu hören!«

Auf einem Handy in meiner Umgebung bekomme ich später den Sommerhit des vergangenen Jahres vorgespielt, es ist ein griechischer Rap. Er trägt den Titel *Greek Lover,* und der Refrain geht so: »Yes, hello, I'm a Greek lover and I love you so«. (Oder besser gesagt: »Yes, chällo, I'm a Greek lowär and I low you so«.) Von derselben Gruppe, »Imiskoumpria«, gibt es außerdem ein lustiges Video zu einem weiteren Song namens »*O kyris to spitiou*« (der Herr des Hauses), da geht es um einen typisch griechischen Patriarchen, der sich von der Ehefrau bedienen lässt und die Tochter verprügelt, weil sie es wagt, erst in den Morgenstunden zu Hause zu erscheinen. Um dann dem Sohn, der noch später heimkehrt, auf die Schulter zu klopfen und ihm zu seinen Eroberungen zu gratulieren.

Also gibt's auch die negativen Seiten des »alten« Griechenland noch – wenn auch vielleicht nur als gerappte Anekdote.

Es existieren außerdem nach wie vor typisch griechische Tavernen mit echt griechischem Essen, sogar noch die *Souvlaki*-Läden an der Touristenmeile »Monastiraki«, wo ich jetzt eigentlich ausschließlich Fast-Food-Ketten vermutet hätte. Das *Kebab* kommt immer noch in einer Größe auf den Tisch, die einen Mitteleuropäer für zwei Tage sättigt, und schmeckt hervorragend. Die Kartoffeln aber nicht – sie riechen, als hätten sie ein paar Runden zu viel in der Fritteuse gedreht. Die halten mich wohl für eine doofe Touristin und glauben, sie können mir alles andrehen?!

»*Garsoni!* Nehmen Sie diese Kartoffeln und bringen Sie mir frische!«, versuche ich mich in bester Athener Arroganz. Der Kellner sagt: »Aaaah, die *Kyria*, Dame, spricht Griechisch!« und eilt.

Die nächsten *Patates* bleiben aber ebenfalls fast unberührt, was ihm beim Bezahlen auch auffällt: »Warum haben Sie die denn nicht gegessen?«

»Sie schmecken nicht«, sage ich. »Das sind ja Tiefkühlpommes!«

»Ja«, gesteht er traurig und nimmt sich einen Moment Zeit: »Ich nenne sie *Plastikes Patates,* Plastikkartoffeln. Früher gab es jemanden in der Küche, der noch echte Kartoffeln geschnitten hat. Das dauert nur ein bisschen länger, doch die Kartoffeln schmecken viel besser. Aber heute muss ja immer alles *tsaka tsaka* gehen!«

Tsaka tsaka, zackig, schnell – den Ausdruck kenne ich noch aus meiner Kindheit, und im heutigen Athen höre ich ihn besonders oft. Klar, Zeit ist Geld, der moderne Alltag bedeutet Stress, und die Erkenntnis, dass sich das Leben in der immer schon hektischen griechischen Hauptstadt noch weiter beschleunigen musste, ist sicher banal – doch wo sonst gibt es dafür so einen charmanten Begriff wie *tsaka tsaka*?

Auch bei Cousine Anna muss heute alles fix gehen. Die *Keftedes* und *Soutsoukakia* und *Gemistes* auf ihrem Tisch kommen deswegen nicht etwa aus ihrer Küche, sondern vom Lieferservice: »Ein Anruf, und schon steht alles auf dem Tisch – *tsaka tsaka!*«, schwärmt Anna, und es schmeckt wie hausgemacht. Denn mieses Essen lassen die Griechen sich kaum andrehen.

Sie ist immer noch sorgfältig geschminkt, die wilden Locken trägt sie nach wie vor sehr lang – allerdings sind sie nun blond. Und irgendwie wirkt Anna kleiner, als ich sie in Erinnerung hatte. Denn ihre Füße stecken in flachen Sandalen. Ihre Fingernägel sind außerdem kurz und unlackiert, und statt eines figurbetonten Kleides trägt sie leichte, bequeme Hosen: Anna ist nämlich Mutter von Zwillingen. Jungs. Aristides und Michalis gleichen sich wie ein Ei dem anderen und sind wiederum Annas Mann Louis wie aus dem Gesicht geschnitten: der gleiche freche Augenaufschlag, der gleiche geschwungene Mund, sogar der gleiche braune Wirbel im Haar über der linken Braue. »*Ta kotopoulakia mou*, meine Hühnchen«, sagt Anna liebevoll, als sie sich einen Moment lang um sie scharen – bevor sie wieder wie aufgescheuchte Küken von einer Ecke zur anderen flitzen. Und kaum hat man eines an den Tisch geholt, ist bereits das andere davongeflattert, zu dem blinkenden ferngesteuerten Rennwagen im Gang, zu der ausgekippten Autokiste im Wohnzimmer. Dann hat einer den versteckten Ball vom Schrank geholt und bolzt damit durchs Haus, und Anna schreit: »*Prosochi*, Vorsicht, der Spiegel!« und: »*Prosochi*, die Lampe!« und: »Habe ich euch nicht tausendmal gesagt, dass im Haus nicht Fußball gespielt wird!« Dann rennt sie ebenfalls dem Ball hinterher, während Louis lediglich stolz grinst: Die Fußballleidenschaft haben sie von ihm, dem »Olympiakos Piräus«-Fan.

»Die Zeiten der Stöckelschuhe sind für dich anscheinend vorbei«, sage ich und erinnere Anna an Santorin, und sie lacht und sagt: »Du solltest deine vielleicht auch aussortieren – dann musst du nächstes Mal nicht barfuss ankommen.« Denn genau so war ich vor ihrer Tür gestanden – mit den Schuhen in der Hand und einem triefenden Rocksaum.

Eigentlich hatte ich mich ein bisschen schick gemacht für meine Cousine und das hübscheste Kleid und die schönsten Schuhe aus dem Koffer gezogen – wir hatten uns ja so lange nicht gesehen. So lange, dass ich den Weg zu ihrem Haus in Piräus (es ist das alte Haus ihrer Großeltern) nicht mehr genau wusste. »Gleich bei der Bushaltestelle«, sagte Anna am Telefon. »Du wirst es schon wiedererkennen, wenn du davorstehst.« Tatsächlich befand sich die Station allerdings nicht ganz genau vor dem Haus, sondern hundert Meter weiter – exakt vor der kleinen Steilküste, an deren Ufer uns Tante Youla mit unseren Schwimmringen um den Bauch immer ins Wasser ließ, damals, vor so vielen Jahren.

Die kleine Bucht erstrahlt in goldener Abendsonne, der Weg hinunter über die Felsen, der früher von Unrat übersät war, ist sauber geteert und gepflegt (wie so vieles neuerdings in Piräus und Athen, und nur Griechenland-Neulinge beschweren sich über die »schmutzige« Großstadt – sie kannten sie ja früher nicht!).

Ich kann nicht anders, ich muss da hinunter; unten baden Menschen. Ein paar Kinder mit Schwimmringen und Schwimmflügeln strampeln Schaum auf, etwas weiter hinten üben Jugendliche Kopfsprung und Salto ins tiefe Wasser. In sicherer Distanz paddeln zwei alte Damen, die eine mit einem Strohhut auf dem Kopf. »Das ist mein Bad Nummer achtundzwanzig in diesem Sommer!«, ruft sie stolz ihrer Freundin oder Nachbarin zu. »Bravo, bravo«, antwortet diese und rudert weiter hinaus: Es ist, als schrieben wir noch das Jahr 1968, als wären die Kinder mit ihren Schwimmringen Anna und ich und die Dame mit dem Hut Annas alte Yiayia beim Gesundheitsbad. Und gesund ist so ein Bad mittlerweile wohl, obwohl der Hafen nicht weit ist. Jedenfalls gesünder als früher: Das Wasserfeuerwerk in Petrol und Gelb und Karminrot ein paar Kilometer weiter gibt es nicht mehr, ebensowenig wie die Chemiewerke, die früher ihren Dreck ins Meer leiteten – heute achtet man auf Umweltschutz. Ein wenig weiter südlich, etwa ab Voula, besitzt die Stadtküste sogar die »Blaue Flagge« – das Zeichen für höchste Wasserqualität.

Selbst die Stadtluft ist vergleichsweise rein: Das Ungeheuer *nefos* hat einiges von seiner Kraft eingebüßt und hängt nicht mehr täglich als graugelber Dunst über der Stadt. So kann das viel besungene attische Licht erstrahlen, und Athen, die weiße Stadt, verfärbt sich gerade rosafarben.

Als ich nach vorne blicke, entdecke ich unseren alten Meereseinstieg wieder und erkenne Kieselsteinchen im Wasser. So tief war das damals für uns Kinder, dass wir hineingehoben werden mussten – dabei sind es sicher nur fünfzig Zentimeter. Plötzlich kann ich dem Impuls nicht widerstehen, einfach mit den Füßen hineinzugehen.

Ich streife die Schuhe ab, raffe das Kleid, und dann – stehe ich bis zum Po im Meer. »Was hast du denn angestellt!«, ruft Anna aus, als sie mich sieht. »Du solltest doch den Bus nehmen und nicht hierher schwimmen!«

Als endlich alle am Tisch sitzen, kann keiner verstehen, warum die Jungs keinen Appetit haben. Als hätten vor einer Viertelstunde nicht alle gesehen, wie Tante Youla, die nun schon die zweite Neffengeneration mit großzieht, die Kinder mit Joghurt gefüttert hat. Im Wortsinn, dabei sind sie schon sechs. Youla ist nun etwas rundlicher als früher und nicht mehr so fix, darum setzt sie die Kleinen dazu vor den Fernseher, der ein Beamer ist. Wenn monstergroße Mickeymäuse die Wohnzimmerwand bevölkern, klappen die Münder der Jungs fast automatisch auf, und nur ein Löffel verfehlt sein Ziel und kleckert auf ein Stofftier, an das die Jungs sich kuscheln: ein Plüschhund im Doggenformat. Bei Anna im Haus scheint alles XXL zu sein: das ganze Familienleben.

Es ist eine typisch griechische Großfamilie – die moderne Variante: Zwar hat Anna »nur« zwei Kinder, aber dafür gibt es umso mehr Erwachsene in der Familie. Denn Youla himmelt Annas Racker so an, dass sie ihre ganze Zeit mit ihnen verbringt. Erst wenn sie schlafen, besteigt sie die Treppe hinunter in ihre eigene Wohnung im Erdgeschoss. Außerdem schaut fast täglich Tante Matina bei den Enkeln vorbei sowie Annas Schwiegermutter. Wenn Anna und Louis abends mal aus dem Haus müssen, finden sich gleich alle drei als Babysitterinnen ein, »eine allein bekommt meine Kinder nicht in den Griff«, sagt Anna. Außerdem ist es lustiger so. Und auch der Pappous – also mein Onkel Michalis – bleibt nicht außen vor: Er ist für die Spaziergänge zuständig. Nach dem Mittagsschlaf (den nach wie vor jedes Kind halten muss – dafür sind sie später bis Mitternacht wach) kommt er vorbei, nimmt jedes Kind an die Hand, und dann geht es zum nächsten *periptero*, wo die Jungs sich je ein Eis aussuchen. Dann zuckeln sie weiter zum *paidiki chara*, Spielplatz – ganz so, wie wir damals mit unserem Pappous.

Das geht natürlich nur, weil Matina, Michalis und Youla längst in Pension sind. Anna dagegen arbeitet als Maschinenbauingenieurin. Überhaupt ist die typische moderne griechische Mama berufstätig – wer eine gute Stelle ergattert hat im heutigen Griechenland, der gibt sie nicht so leicht wieder her, auch nicht wegen der Kinder. Von einem Gehalt kann kaum eine Familie existieren, das ist wie bei uns. Oft reichen nicht einmal zwei, deshalb haben so viele Griechen zum Haupt- auch noch einen Nebenjob; darum ist auch der Stress bei allen XXL.

Von der Tagesstätte kommen Annas Jungs stets mit persönlichen Essenlisten nach Hause, darauf steht, was sie gegessen haben und vor allem: wie viel. Da muss ich mir ein Lachen verkneifen. Als wir später noch eine Runde rausgehen, erfahre ich, dass sich bei der Erziehung auch sonst nicht viel verändert hat: »*Min trechete!*«, ruft Anna, kaum dass die Tür ins Schloss fällt. »Wir laufen doch nur zur Ampel«, erwidert der kleine Michalis und gibt Vollgas. »*Min trechete!!!*«, schreit Anna, und: »Kommt sofort zurück!« Ihr Mann läuft los, zu Michalis, Anna und ich hasten hinter Aristides hinterher. Schließlich erwischt Anna ihn am Arm und sagt: »Habe ich nicht tausendmal gesagt: *Min trechete!* Jetzt bleibst du bei uns und gehst ganz langsam mit deiner Tante Stella und mir.«

Da bekommt er plötzlich einen Gesichtsausdruck, der mir vertraut ist: Annas Trotzmine – er ist doch auch ihr ähnlich. Dann wirft er den Kopf zurück, und ich höre ein typisches Schnalzen: »*Tu!*« Und weg ist er.

Ein Woche später stehe ich am Hafen einer dieser kleinen Inseln ohne Internetzugang, auf denen fast alles noch so ist wie früher, und warte auf Onkel Michalis. Es gibt täglich nur eine winzige Fähre von Rhodos hierher, sie fasst etwa hundert Gäste und höchstens zwei Autos, die dann im Mittelteil des Bootes stehen und die Türen der Toiletten blockieren – aber die Überfahrt dauert ja nur eine Stunde.

Zuerst tritt eine kleine Schar Touristen an Land, dann werden Waren für den Supermarkt ausgeladen und große

Mehlsäcke für die einzige Bäckerei im Ort. Endlich erscheint Onkel Michalis, noch ziemlich blass um die Nase – er schlägt nach dem Pappous und reagiert schon auf sanftes Schaukeln mit entsetzlicher Seekrankheit. Als er festen Boden unter den Füßen spürt, fasst er sich und zeigt sein breitestes, frechstes Zahnlückenlächeln unter der Tropfensonnenbrille. Da ist auch nach wie vor das lässige Schlenkern in seinem Gang, und am Handgelenk baumelt munter das Herrenhandtäschchen.

»Wie habt ihr denn diesen Steinhaufen entdeckt?«, fragt der Onkel nach der Umarmung und deutet spöttisch auf die karstigen Hügel über dem Ort.

»Aber Onkel – hattest du einen Urwald erwartet? Wir sind doch hier in Griechenland!«

»Schon, aber das ist sicher der trockenste Teil von Griechenland! Drüben auf Rhodos ist doch alles so herrlich grün! Und da zieht es euch ausgerechnet hierher?!«, meint er. »Die meisten Griechen würden hier keine zehn Minuten Urlaub machen!« Die modernen Griechen favorisieren Urlaubsgebiete mit viel Grün – und mit luxuriösen Hotels, in denen sie ihre schicksten Outfits ausführen können, erklärt der Onkel.

»Die meisten Deutschen wahrscheinlich auch. Deswegen finden wir es ja so herrlich hier. Aber jetzt sollten wir uns endlich um ein Zimmer für dich kümmern!« Das hätte ich schon seit Tagen gern für den Onkel in die Hand genommen, denn die Zimmer auf der Insel sind rar – doch mochte er sich nie auf sein genaues Ankunftsdatum festlegen: »Ich komme vielleicht am Dienstag. Vielleicht auch Donnerstag. Jedenfalls sicher vor Sonntag!«

»*Siga, siga,* langsam«, sagt der Onkel jetzt und macht beschwichtigende Handbewegungen. »Nun setzen wir uns erstmal in aller Ruhe hin und trinken was. Wir haben doch Zeit! Wir sind ja im Urlaub!« Also bestellen wir Wasser und Bier in dem *Giros*-Laden neben dem kleinen Reisebüro, und während ich beobachte, wie einige der anderen Fährgäste sich wahrscheinlich gerade die letzten verfügbaren Zimmer schnappen, lässt sich mein Onkel in aller Ruhe von dem jungen Wirtspärchen die Lebensgeschichte erzählen – und alles Wissenswerte über die Insel:

Die *Giros*-Wirtin ist eine verarmte Schuhfabrikantentochter aus Athen, ihr Mann in der Küche kommt von der kleinen Insel, kennen gelernt haben sie sich auf Rhodos, und sie halten das Geschäft auch im Winter offen, wenn die übrigen Familienbetriebe im Ort schließen. Das wären: das *sacharoplastio*, die Konditorei, in dem die Töchter der Konditorin bedienen, die Tavernen, in denen die Omas und Tanten in der Küche stehen, und das einzige »richtige« Hotel, in dem die Ex-Schwägerin des Managers kocht. (Dass sie von seinem Bruder geschieden ist, bedeutet ja nicht, sie gehört nicht mehr zur Familie.) Außerdem der Bäcker mit seinen drei erwachsenen Söhnen und einer Schwiegertochter, die als Dorfschönheit gilt, und die Albaner: Sie bauen die alten Ruinen hier wieder auf – sie beherrschen die alten Bautechniken. Dann kommen reiche Italiener und kaufen die wiederhergestellten Häuschen für teures Geld als Urlaubsdomizil.

Die Kinder der Albaner besuchen die kleine Dorfschule mit denen der wenigen griechischen Familien im Ort, und deshalb leben eine Menge junger Lehrer aus Athen hier: Wer will, kann in der kleinen Schule sogar die Abiturprüfung ablegen – auch, wenn manche Klassen nur aus einem einzigen Schüler bestehen.

Neuerdings existiert in den Sommermonaten sogar ein Bus, er fährt an den Strand und zum Kloster im Inselinneren, wo der Mönch mit seiner Frau wohnt. (Jawohl! Denn er ist eigentlich gar kein Mönch und wird nur so genannt – er ist der Verwalter.) Und dann ist da noch der junge Busfahrer, ein gut aussehender Kerl, der wirkt, als würde er sein Dasein in

Athens Nobeldiskos fristen. Tatsächlich arbeitet er als Volkstanzlehrer in der Schule (sein Winterjob) und lebt ganz allein oben am Berg in dem halbverfallenen alten *Chorio*, Dorf, in seinem renovierten Elternhaus, wo er sich der Gartenarbeit widmet: Wenn jeder hier auf der Insel nur einen Baum pflanzen würde, wäre die Welt eine bessere, findet der Busfahrer.

Ab Mai kommen dann die Feriengäste: ein paar Italiener und einige ältliche britische Paare, die die Ruhe genießen. Viele Stammgäste, die zum Inventar gehören. Mein Onkel schmunzelt über diesen Mikrokosmos und lässt den Blick schweifen über die hübschen pastellfarbenen Häuschen, die bis ans Wasser gebaut sind. Schließlich trottet ein wuschliger weißer Hund heran und legt sich genau vor Onkels Füßen zu einem Schläfchen. Da taut Michalis richtig auf: »Ich liebe Hunde!«, sagt er, trotz der schlechten Erfahrungen damals in Deutschland. (Der weiße Hund scheint die Liebe zu erwidern und trottet dem Onkel jeden Abend hinterher.) Dann werden *Pita-Souvlakia* mit Kartoffeln gebracht, die eine alte Frau in der Küche noch von Hand schneidet, und Michalis sagt: »Hier ist es ja, als wäre die Zeit stehen geblieben! Wie habt ihr dieses Paradies bloß entdeckt!?« Also winkt er die Reisebürodame an den Tisch und schwatzt ihr eine Unterkunft ab, obwohl gar keine mehr frei ist. Doch sie hat natürlich noch was in der Hinterhand für spezielle Gäste wie den *Kyrie Michali*, den Herrn Michalis mit dem charmanten Lächeln, ganz nah bei unserem Urlaubshaus.

»Ich reserviere niemals im Voraus. Und ich musste noch nie am Hafen schlafen!«, sagt der Onkel. Und das ist wieder mal typisch für meine Familie – wie damals, als wir mit Yiayia und Pappous in Methana waren.

Morgens kommt der Onkel immer gegen zehn Uhr rüber, und ich serviere ihm seinen Nescafé. Kalt, wie er ihn mag. Am dritten Morgen nimmt er mir den Kaffeebehälter aus der

Hand und sagt: »Nimm's mir nicht übel – aber ein richtiger Kaffee ist eine Kunst.« Er kneift die Augen zusammen und misst einen vollen Teelöffel Kaffeepulver ab. Dann noch einen halben. Nun gießt er fingerbreit Wasser auf, hält das Glas schief und rührt rund hundertmal. Und dann noch ein paar Runden. Dann kneift er wieder die Augen zusammen und lässt Zucker einrieseln. Rührt weiter, als wollte er Sahne aufschlagen. Schließlich lässt er das Glas mit Wasser volllaufen, trinkt, seufzt und sagt: »Ahhh – das ist Kaffee! Wenn du willst, mache ich dir auch einen.«

Wir hängen oft den halben Tag einfach nur so herum und springen ab und zu ins Meer, das wir von meiner Terrasse aus mit einer Leiter erreichen können. Oder wir marschieren über den Hügel zu der kleinen Sandbucht und plantschen dort, und der Onkel sagt alle fünf Minuten: »Vorsicht, die Kinder! Ihr müsst auf die Kinder aufpassen!« Dabei ist das Wasser flach, und meine beiden Kinder sind gute Schwimmer.

Dann gehen wir alle in die Taverne am Strand und essen nur ein Drittel von dem, was die griechischen Gäste an den Nebentischen verspeisen. (Denn es gibt sehr wohl griechische Touristen, sogar solche, die in Australien oder den USA leben, trotz der Kargheit und des Mangels an Luxushotels. Sie kommen her, weil sie Verwandtschaft haben im Ort.) Onkel Michalis schüttelt dann den Kopf und sagt: »Die Kinder haben fast NICHTS gegessen.« Aber das immerhin selbstständig, das fällt ihm auf: »Deine Kinder sitzen wie Große am Tisch! Die hast du gut erzogen. Die Griechinnen füttern ihre Kinder ja noch.«

»Damit mehr reingeht«, sage ich, und da müssen wir beide lachen: »Es ist eine Unart hier, die Kinder so zu mästen«, gibt der Onkel zu. Doch dann zuckt er zusammen, als er sie eine Stunde nach dem Mittagessen im Wasser sieht: »Das ist gefährlich, sie werden untergehen! Nach dem Essen darf man vier Stunden nicht baden!«

»Aber sie haben ja nichts gegessen«, zwinkere ich ihm zu, und das muss der Onkel zugeben: »Auch wieder wahr!«

Sicherheitshalber verzieht er selbst sich dann zur Mittagsruhe, die bis rund zwanzig Uhr dauert, und wir treffen ihn wieder im Ort und gehen in eine Taverne, wo der Onkel über Magenschmerzen klagt: »Heute muss ich mal was Leichtes bestellen, sonst kann ich nachts nicht schlafen.«

Fasolakia, grüne Bohnen, kommen also nicht in Frage, ebenso wenig wie *Gigantes*, weiße Bohnen. Und nichts aus dem Ofen – wie *Gemistes*, gefüllte Paprika, oder *Papoutsakia*, gefüllte Auberginen. Keine pappigen Nudeln, also kein *Pastitio* und keine *Makaronia me Kima*, Spagetti Bolognese.

»Ich mache Diät und esse griechische Bratwurst mit Pommes, da kann nichts schiefgehen«, sagt mein Onkel, und mein Mann erwidert: »Wenn das eine Diät ist, fange ich gleich heute damit an!«

Als aber der Onkel und ich richtig fröhlich am Plaudern sind und unsere Stimmen immer lauter werden, fängt meine kleine Tochter an, schrecklich zu weinen: Sie denkt, wir streiten – so wie ich das früher bei griechischen Unterhaltungen dachte, als Kind, als ich noch kein Griechisch verstand. Und so wiederholt sich alles.

Wenn dann sogar meinem großen Sohn vor Müdigkeit der Kopf auf den Tavernentisch sinkt, befördert mein Mann den Nachwuchs allein ins Bett, denn Michalis und ich sind noch lange nicht fertig: Es geht um Korruption und Nepotismus und dass es sie auch in Deutschland gibt. (»Ich dachte, darauf sind wir abonniert!«, sagt der Onkel.) Es geht um die Wirtschaftskrise. (»Die trifft uns nicht so. Denn wo nichts ist, kann ja nichts pleitegehen«, so Michalis. »Und der Schattenwirtschaft geht's nach wie vor gut. Da kommt auch Geld in Umlauf!«) Auch darum, dass die Deutschen so viel Lebensfreude dazugelernt haben seit den fünfziger Jahren, als der Onkel das erste Mal nach München kam. (»*Orei anthropi*, tolle Leute«, sagt der Onkel und zeigt auf zwei Paare, die am Nebentisch lautstark feiern.) Denn im Grunde leben Deutsche und die Griechen heute sehr ähnlich, findet der Onkel – zumindest in den Großstädten. Nun ziehen junge Griechen sogar von zu Hause aus und leben unverheiratet mit einem Lebenspartner zusammen. Sogar Cousin Alexis, Michalis' Sohn, hat dies getan – da war er allerdings schon bald fünfunddreißig.

»Bei uns passiert das aber etwas früher«, sage ich vorsichtig, doch das kann Michalis nach wie vor nicht gutheißen: »Es ist doch schön, wenn die Familie zusammenbleibt! Du würdest dich doch auch nicht freuen, wenn dein Sohn bald das Haus verlässt!«

»Aber Onkel, man muss doch verstehen: Wer will schon bis über dreißig in seinem Kinderzimmer leben?!«

»Was heißt da Kinderzimmer! Meine Kinder haben ja die ganze Wohnung in Beschlag genommen! Was meinst du, was für Partys Alexis bei uns zu Hause gefeiert hat!«

»Trotzdem, bei uns in Deutschland wäre das merkwürdig, wenn jemand mit dreißig noch zu Hause wohnt: Stell dir vor, er würde eine Frau kennen lernen – und dann erfährt sie, dass er noch zu Hause bei Mami lebt. Da würde sie sicher Reißaus nehmen.«

Da wird Onkel Michalis nachdenklich. »Du meinst, er würde als Muttersöhnchen gelten?«

Ich nicke.

»Dann wirst du ihn wohl gehen lassen müssen, mit zwanzig, fünfundzwanzig, wie die anderen Deutschen.«

Ich nicke. »Spätestens!«

»Aber es wird dir schwerfallen!«, sagt Michalis. »Du bist froh, wenn die Kinder da sind und alle ihre Freunde mitbringen. Dann kochst du und willst, dass sie alle satt werden in deinem Haus. Ich kenne dich, als wärst du meine Tochter. Ein bisschen griechisch bist du doch!«

Da hat er mich ertappt. Ich nötige wirklich allen Freunden ganz automatisch noch eine zweite Portion auf, oder eine dritte (iss, iss – *fage, fage*). Wenn Familienmitglieder aus dem Haus gehen, vergesse ich nie (wirklich nie), ihnen ein besorgtes »Und pass auf der Straße auf, *proseche!*« nachzurufen. Nur die Worte *min trechis* verkneife ich mir. Aber das fällt mir auch nicht leicht.

Ich sehe heute auch viel griechischer aus. Die hellbraunen Locken meiner Kindheit und Jugend sind einer dunklen Krause gewichen, und wenn ich die Brille abnehme, erkenne ich Pappous' dunkeläugigen Blick im Spiegel wieder – und mit dem Älterwerden auch Yiayias Lächeln.

Doch sonst bin ich total deutsch. Fleißig, genau und sorgfältig. Da ist nichts von griechischer Laxheit. Ich bin eine Ameise, keine Grille!

Die alte Geschichte hat mir noch meine Yiayia erzählt: Die Ameise hortet den ganzen Sommer Lebensmittel, doch die Grille singt und zirpt und lacht über die emsige Ameise, die ihren Tag nicht genießt, sondern immer nur Vorräte zusammenträgt. Doch dann kommt der Winter, die Grille hungert, da geht sie zur Ameise, und die sagt: »Hättest du den Sommer nicht nur gesungen und getanzt« – und so weiter.

»Onkel, ich bin eine Ameise, wie in Yiayias Märchen. Das ist doch typisch deutsch an mir, findest du nicht?«

»*Baaah*, ach was!«, sagt der Onkel. »Das ist nicht typisch deutsch. Das ist typisch für unsere Familie, deren Gene du in dir trägst.« Und dann holt er ganz weit aus:

Unsere Familie stammt zwar aus Kleinasien, doch hat sie dort erst seit wenigen Generationen gelebt: Die Familie des Pappous kommt ursprünglich aus Karpathos. Dieses Eiland war einst so arm, dass es schwer war, ein Auskommen zu erwirtschaften, und so zog es ihre Bewohner in die Ferne. Mein Urahn kam auf diese Weise sogar in den Sudan, wo gerade die Eisenbahnlinie gebaut wurde.

Mit seinem Fleiß schaffte er es dort, sich aus den Scharen bemitleidenswerter Eisenbahnarbeiter hochzuarbeiten, und er wurde zum Wasserreicher: Er musste die Arbeiter, die in der Hitze die Schienen verlegten, mit Wasser versorgen. Der Urahn war aber nicht nur besonders tatkräftig und tüchtig – er besaß außerdem ein äußerst hitziges Temperament. Eines Nachts geriet er mit dem Vorarbeiter in Streit und schlug ihn nieder. Ob er ihn tötete, das weiß keiner – nicht mal der Ur-Pappous selbst wusste es, denn er ließ den Vorarbeiter liegen und floh nach Ägypten. In Alexandria bestieg er das nächstbeste Schiff, das im Hafen lag: Zufällig fuhr es nach Kleinasien, und nur deshalb siedelte er sich dort an.

Manche der Kunden und Freunde, die meinen Pappous in seinem Laden am Hafen von Piräus aufsuchten, wussten, dass seine Familie ursprünglich aus Karpathos stammte, und als meine Mutter ins heiratsfähige Alter kam, standen die Karpathosstämmigen bei meinem Großvater Schlange, um für ihre Söhne um die Hand meiner Mutter anzuhalten. Die *karpathiotisses* – die Frauen aus Karpathos, denen Mama zugerechnet wurde – galten nämlich ihrerseits als besonders fleißig. Während die Männer Abenteuer wie das meines Urahns erlebten oder zur See fuhren und ihre Frauen und Kinder jahrelang oder auch für immer im Stich ließen, hielten sie die Dinge auf der Insel am Laufen, diese zähen, arbeitsamen *karpathiotisses*. Und wer wünscht sich nicht solch eine Frau – auch wenn er nicht plant, zur See zu fahren?

»Deinem Pappous sind die Bewerber aber sehr auf die Nerven gefallen, er hielt von altmodischen Kuppeleien nicht viel«, erklärt Onkel Michalis – von meiner Mutter ganz zu schweigen. Irgendwo aber schlummere auch in mir eine fleißige *kar-*

pathiotissa, sagt Michalis augenzwinkernd. Dabei war ich in meinem Leben noch nie auf Karpathos!

Dort gibt es noch entfernte Verwandte, die den Familiennamen tragen. Im nächsten oder übernächsten Sommer wollen Onkel Michalis und ich unbedingt hinfahren und sie treffen.

Ins Haus in der Monemwassias habe ich mich nicht gleich getraut, beim ersten Athen-Besuch nach all den Jahren. Ich musste mich erst ein paar Tage orientieren und meinen Mut zusammennehmen. Wovor ich Angst hatte? Vielleicht davor, endlich ganz und gar Abschied nehmen zu müssen von denen aus der Familie, die nicht mehr sind: Yiayia und Pappous, Meri und Giorgos und noch viele andere. Dass sie gestorben sind, war mir natürlich längst klar, doch hatten die Nachrichten darüber uns stets in Deutschland erreicht, wo sie irgendwie abstrakt klangen und uns nicht so sehr berührten wie die Familie vor Ort. Nur Mama hatte noch oft in dem Haus gewohnt. Sie hatte es ein wenig renoviert und ein paar neue Möbel erstanden, und als sie in den Ruhestand ging, verbrachte sie ihre Sommermonate dort, traf sich mit alten Schulfreundinnen und Verwandten, fuhr auf die Inseln zum Baden oder einfach dorthin, wo früher das Paraskevas-Bad war (jetzt ist dort ein öffentlicher Stadtstrand). Aber das ist auch schon wieder Jahre her.

Der Bus fährt nicht mehr seine alte Strecke, sondern ein paar Parallelstraßen weiter hinten entlang, und keines der Häuser hier ist mir vertraut. Es handelt sich um moderne, mehrgeschossige Wohnblocks, die erst in den letzten Jahren hochgezogen worden sind. Keine Ahnung, wie ich hier Yiayias altes Haus finden soll. Doch dann folge ich einem plötzlichen Impuls und springe bei der nächsten Haltestelle auf die menschenleere Straße. So, und nun? Ich habe keine Ahnung, wo ich mich befinde.

Dann marschiere ich einfach los, und plötzlich stehe ich vor der alten *paidiki chara*, wo ich früher meine Käsebrote heimlich im Kies verbuddelte. Einsam liegt der Spielplatz in der Mittagshitze, die Kinder sind nun beim Essen, und vielleicht wird er auch gar nicht mehr genutzt – in Deutschland wären die altmodischen Geräte mit den viel zu steilen Wippen und den rostigen Gerüsten vom TÜV verboten, denn sie sind sicher ein halbes Jahrhundert alt.

Nun sehe ich auch die Apotheke an der Ecke zur Monemwassias. Also hat meine Intuition mir den richtigen Weg gewiesen. Als ich weitergehe, pocht mein Herz mit jedem Schritt ein wenig heftiger.

Dann sehe ich es vor mir, eingekeilt zwischen höheren Bauten, und es ist so winzig, dass ich fast vorübergehe: Kann das Pappous' stolzes großes Haus sein?

Es wirkt geschrumpft wie eine trockene Feige, doch es ist wirklich unser altes Haus. Die aufwendig verzierte Tür lässt keinen Zweifel – wenn sie auch verstaubt ist und der Lack an manchen Stellen abblättert.

Der Schlüssel dreht sich ohne Widerstand im Schloss: Onkel Michalis sieht hier regelmäßig nach dem Rechten, und so finde ich kein leeres Zimmer vor, sondern möblierte Räume.

Im Gang stehen nun Korbstühle, und auch der lange Vorhang zur *avli* ist mir noch unbekannt – aber irgendwie vertraut: Mama hat ein gedrucktes Muster dafür ausgesucht, das den Stickereien auf den alten Portieren so nah wie möglich kommt.

Im Salon gibt es noch Yiayias und Pappous' Möbel mit den Gobelinüberzügen, und das Tischchen ist mit der alten geklöppelten Decke geschmückt. Doch die Familienfotos sind alle fort: Vor ein paar Jahren holten Einbrecher sie von den Wänden und schnappten sich auch die handbetriebene Singer-Nähmaschine meiner Yiayia, die noch aus Kleinasien stammte.

Die Sachen sind wohl am Monastiraki auf dem Flohmarkt gelandet, und Touristen haben unsere Familienfotos für ein paar Münzen als Souvenirs gekauft. Wenn Mama davon spricht, wischt sie sich heute noch die Augen.

Der Fußboden im nächsten Raum knarrt noch wie früher, und als ich am Spiegel von Yiayias Kleiderschrank vorbeigehe, zucke ich zusammen und denke, Mama steht plötzlich vor mir – so, wie sie früher aussah, nicht als die alte Frau, die sie heute ist. Aber das bin ja nur ich!

Die *avli* erscheint mir winzig, und einen Moment glaube ich, ein Teil würde fehlen, doch ist auch sie einfach nur in der Erinnerung größer gewesen. Gesäumt wird sie immer noch von Yiayias alten Pflanzenstöcken in den großen Blechtöpfen, die einst Olivenfässer waren, und sie wird beschattet von dem Wein, der darüberwuchert und sogar Reben trägt.

Pappous' riesiger Feigenbaum lebt nicht mehr – als das Haus unbewohnt war, beschwerten sich die Nachbarn dahinter über die herabfallenden Früchte, und Onkel Michalis musste ihn abschlagen lassen. Doch hat er nun einen neuen gepflanzt, der sich in einem Jahr schon stolz nach oben gereckt hat: »Das scheint ein guter Ort für Feigen zu sein«, sagt der Onkel. Daneben hat er neue Rosenbüsche gesetzt, es stehen auch ein Stuhl und ein Tischchen mit Aschenbecher bereit, denn oft kommt Michalis hierher, um einfach nur so in der *avli* zu sitzen. »Ich weiß nicht warum, aber dieser Ort entspannt mich irgendwie«, sagt er.

Also setze ich mich auf Michalis' Stuhl und träume, im Haus wäre alles noch wie früher. Ich träume von Onkel Giorgos' dröhnendem Lachen und dem Klackern von Tante Meris Stöckelschuhen. Vom Aufzischen des Bratöls in der Küche. Von den kreischenden Stimmen, wenn Anna, Alexis und Stelios durchs Haus jagten. Vom Pappous, wie er sagt: »Setzt euch endlich ruhig hin und esst ein paar Feigen.« Und von Yiayias weicher Stimme, die mich zum Essen ruft. Da plötzlich höre ich ein Geräusch wie von ihren schlurfenden Pantoffeln, und mir stockt der Atem – doch es ist natürlich nicht meine Yiayia, sondern irgendeine andere alte Frau hinter der Mauer im Hof.

Bevor ich gehe, werfe ich noch einen Blick in die Küche, die wie alle Räume wirkt, als wären ihre Bewohner nur kurz ausgegangen. Die Stühle um den weißen Tisch sind nun schon etwas wackelig, die Pfannen an der Wand sind neu und teflonbeschichtet, und das *divani* an der Seite hat einen neuen Überwurf, auf dem ordentlich gefaltet zwei moderne Lidl-Tüten liegen. Sonst ist noch alles da, wo es immer war, das große Küchenbord und auch der schmale Holzschrank in der Ecke mit dem weißen Porzellangriff an der Tür.

Hier hat Yiayia ihre Tassen aufbewahrt und darunter die Gewürze. Ganz unten stand immer ein großes Glas mit ihrem *Gliko* – den süßen, eingemachten Sauerkirschen. Daneben gab es immer eine Flasche Sauerkirschsirup, aus dem sie Limonade rührte, und eine kleine Flasche Ouzo. Die war für Pappous.

Pappous trank eigentlich keinen Alkohol, nur wenn er gerade von der Arbeit aus der Hitze der Innenstadt nach Hause kam: Dann setzte er die Flasche an den Mund und nahm nur einen winzigen Schluck, damit sich sein Bauch erwärmte und der Magen nicht rebellierte gegen das Eiswasser, das er literweise hinterherkippte.

Ich wage es kaum, den Porzellangriff zu drehen – der alte Schrank macht mir ein bisschen Angst: Was, wenn mir plötzlich Mäuse entgegenkommen? Oder ein paar fette *katzarides*? Dann siegt die Neugier, die Tür springt auf, und ich sehe Yiayias alte Mokkatassen, hauchfein und doch so beständig, dass sie einst meine Spiele mit den Puppen im Hof überstanden. Sechs von ihnen haben ihre Besitzer sogar um Jahrzehnte überlebt!

Das Blumenmuster ist blass geworden vom unzähligen Trockenreiben, der Goldrand an manchen Stellen verwischt. Daneben stehen die Kristalltellerchen für das *gliko* gestapelt, alles in Reih und Glied, als wäre es noch die blinde Yiayia gewesen, die Hand angelegt hat. Lebensmittel und Gewürze aber sind natürlich längst nicht mehr da.

Bevor ich die Tür wieder verschließe, stecke ich noch einmal die Nase tief in den Schrank.

Und er duftet noch genau wie früher: nach Anis und Zimt.

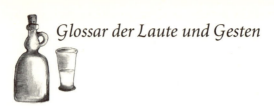 *Glossar der Laute und Gesten*

Bah (Baaah): Das griechische »Pah«. Anders als unser Pah wird es allerdings nicht kurz und schnippisch intoniert, sondern lang gezogen, und zwar mit gesenkter, um eine Oktave absinkender Stimme. Bedeutung: ach was, was du nicht sagst, von wegen.

Ftu: Imitiertes Spuckgeräusch, das immer dann ausgestoßen wird, wenn ein Kompliment ausgesprochen wird (um den »bösen Blick« abzuwenden). Gern werden drei Spuckgeräusche aneinandergereiht (ftuftuftu). Spricht man über positive Eigenschaften eines dritten, so wird das ftu dagegen nur einmal angestimmt. Beispiel: Jannis ist aber groß geworden, ftu tu (ein ftu für ihn).

Och (Ooooch): Nicht übersetzbar mit dem Deutschen »och«, sondern vielmehr ein Gegenstück zu unserem »ach« oder »ach je«, wird dieser Seufzer hauptsächlich verwendet, um körperlichen Beschwerden Ausdruck zu verleihen: »Och, mein Rücken!« Oder: »Och, meine Beine!« Wird besonders häufig von Frauen benutzt.

Opa (Ooopa): Das griechische Hoppla. Findet seine Verwendung hauptsächlich beim griechischen Tanz, wo es von dem Anführer der getanzten Schlange ausgestoßen wird – meist begleitet von Fingerschnalzen.

Die verkleinerte Form **Opalakia** (Hopplachen) wird dagegen bei kleinen Missgeschicken (besonders von Kindern), ausgestoßen. Beispiel: »Opalakia, der kleine Michalis ist gestolpert.«

Papapa: Hat nichts mit dem Vater zu tun, sondern fungiert als Synonym für Seufzer wie »oh Gott«, »du lieber Himmel«, »du liebe Zeit«. Auch: »Wie schrecklich, wie ekelig«. Die Variante **apapa** bedeutet: auf keinen Fall, bloß nicht.

Popopo: Synonym für »alle Achtung« oder »Sieh mal einer an!«

Tu: Schnalzgeräusch der Zunge am Gaumen (oft auch lautmalerisch als deutliches t und u ausgesprochen). Griechische Verneinung, die begleitet wird von einem Nachhintenwerfen des Kopfes. Oft wird diese Kopfbewegung auch ganz ohne tu, allein durch das Nachhintennicken angedeutet. Deshalb denken viele Ausländer, die Griechen würden mit dem Kopf nicken, wenn sie »nein« meinen.

Weil Griechen außerdem seitliche Nickbewegungen mit dem Kopf beschreiben, wenn sie »ja« meinen, heißt es außerdem, sie würden den Kopf schütteln, wenn sie etwas bejahen.

Uh (Uuuh): Und ob, und wie. Wird meist unterstützend begleitet von einer speziellen Handbewegung: Man winkelt den Arm an, streckt die auf Brusthöhe vor die Körpermitte gehaltene Hand und beschreibt mit ihr ein paar kleine Kreise.

*Ein kulturgeschockter Ami und
die Verrücktheiten der Deutschen*

John Madison
NOTHING FOR UNGOOD
Deutsche Seltsamkeiten
aus amerikanischer
Perspektive
Aus dem amerikanischen
Englisch von
Petra Trinkaus
192 Seiten
ISBN 978-3-404-60623-8

Deutsche brauchen drei Monate, um eine Party zu planen, sprechen merkwürdiges Oxford-Englisch, das Amerikaner an das schweizerische Rätoromanisch erinnert, haben sechzehn (!) Formen für das englische Wort *the* und subventionieren die Staus auf Autobahnen mit der Toilettengebühr auf Raststätten. Kann man in einem solchen Land leben? John aus Oklahoma hat es ausprobiert.

»Sind wir Deutschen wirklich so bekloppt? – Ich glaube schon … Genialer Blog, give me more!«

ELI auf www.nothingforungood.

Bastei Lübbe Taschenbuch

Lost in good old Germany – der deutsche Alltag und andere Schwierigkeiten

Carol Kloeppel
DEAR GERMANY
Eine Amerikanerin
in Deutschland
Aus dem amerikanischen
Englisch von
Claudia Geng
256 Seiten
ISBN 978-3-404-60633-7

Die Deutschen schleppen ihre Einkäufe kilometerweit, trennen sorgfältigst ihren Müll und sind sehr bürokratisch. An die Eigenheiten ihrer neuen Mitbürger muss Carol Kloeppel sich erst gewöhnen, nachdem sie für ihre große Liebe Peter Kloeppel ihre Heimat Amerika verlassen hat und nach Deutschland ausgewandert ist. Und das stellt sie mitunter vor große Herausforderungen ...

»Kuriose Erfahrungen einer ›Neu-Deutschen‹«
FRAU IM SPIEGEL

Bastei Lübbe Taschenbuch